一生一笑

健全な会計に
健全な精神宿る

税理士
日野上輝夫
Hinokami Teruo

清文社

はじめに

三九年にもわたり企業の会計や税務を見てきて思うところが多くあります。今回は視点をかえて、健康や長寿、特に笑いは会計（少しの余裕）と大きく関係しているという観点から書きます。つきつめると「健全な会計」にこそ「健全な精神」が宿ると思います。

貧しくとも幸せであることができるともいわれますが、企業人はそれでは仕事になりません。人間、無い袖は振れないのです。無い袖のままの商売では満足は得られません。

しかし無理は禁物。常に健全な会計を携えて、無理なく歩を進め、企業経営をすることは、簡単なようでむずかしいことです。どうしても「ヒト」は他のヒトを意識します。ヒトと較べたくなります。

一生を少しの笑いをもって暮らす「一生一笑」こそ得がたい人生です。それは心の置き処によって違ってきます。その定規を何に求めるかが大事です。ヒトは自我に目ざめてから自分ということを強く意識する習性がついています。

また、自分というものを強くアピールすることは反面大変大事なことです。健康でいつまでも働けて、人のため社会のために役立ってこそ、意義ある人生といわれます。

先般亡くなられた日清食品の安藤百福さん。失敗にめげず、四十歳を過ぎてインスタントラーメンを世に出し、六十三歳でカップメンを作り上げた人です。九十六年の人生は波乱万丈であったと思われますが、あのカップメンは世界中の人達に食べられ、世界で賞讃されています。ローマ帝国のパンテオンに席を得た人とまで讃辞された記事を読みました。

一方、松下幸之助さんは知る人ぞ知る商売の神様といわれた人。昭和七年に奈良県天理市の天理教本部を初めて訪れて、神の定規に気付き、直ちに行動に移し、大成功した人です。この松下さんの例に倣って信仰心があろうがなかろうが、神の定規とはどういうものなのかということも考えてみたいと思います。また、世界の三大宗教といわれるキリスト教、イスラム教、ユダヤ教というのは皆、結局は争うという方向に向っている今、日本の神道的な神は「和」を大事にします。

ところで、日本がこれほどまでに心のありようの乱れたことが過去にあったでしょうか。何とも日本らしくないと感じているのは私だけではないと思います。こうした点を踏まえつつ、敢えて神道の教えを借りて書くことにしたのです。

誰だって大成功といかないまでも神の定規通り歩めば、心のありようの成功者になれるのです。こんな素晴らしい人生はありません。自分にとっての小さな世界、家族や会社、「向こう三軒両隣」という地域社会で賞讃される存在には成り得えます。

そうしたことが自らの人生を豊かにし「一生一笑」をもたらします。傍目を気にせず信ずる道に歩を進める。企業人は会計の健康に努めることこそ大事です。この会計が分からずして、真の企業人には成り得ません。「会計の健全」は「事業の健全」をもたらします。その道中で最も大事なのは「心」です。

人間の心の再建には「神の定規」が必要です。金もうけの秘訣とか、勝ち組みに入るノウハウなどの決め手はないのです。生き方、考え、心のありようこそ秘訣です。

そこで今回は、健康、長生き、笑いを得るには会計の健全が必要であるという視点で、その本質に迫れれば幸いです。

一生一笑◎もくじ

第二部　どうする中小企業　53

第三部　サムシング・グレート

第四部 税理士への道 185

カバーデザイン＝前田俊平

第一部

いい人生の生き方

人はああもしたい、こうもしたい、ああなりたい、こうなりたいと思うのではないでしょうか。この意欲が人を向上させますし、意欲は生きていく上に、大事な要素といえます。ところが人は、成長するに従って、その欲のブレーキが効かなくなってきます。これがいけない。また俺が私がと、我がでて、これが高欲、強欲となって結局、人はこれに溺れ、抜け切れなくなるのです。

カネ欲、食欲、色欲、人間には本来、この三つの欲があります。どれもこれも度を越すと始末の悪いものです。これをコントロールするのが教養でしょうが、東大卒の教授でも間違いを犯します。こういう人はきっと心の持ちようの弱い人です。こういう人に限って「神の定規」に触れたことのない人ですね。

お金は生きていくのに必要不可欠で、それがために働くのですが、ほんの一部の人ですが、この欲は次第に名誉欲、権力欲と姿を変え止まることがなく、失敗する人がいます。どの欲も、身の丈に合わせた心遣いができる人なら、自然とブレーキはかかります。

いい人生の定義づけは人によって違います。結果としてそう感じるかどうかの心の問題だと思います。波乱に富んだ人生を送る人もあれば、平穏に一生を過ごす人もいます。また、何も悪いことをしなくても不幸に見舞われることもあれば、恵まれた人もいます。生まれながらに身体に障害をもつ子もいれば、十代からオリンピックで活躍する子もいる。それこそ人いろいろで、これがこの世そのものの姿です。

自分の人生を自分で決められず、戦争に駆り出されることだってあるのです。世界一の超大国に生まれ、国では大リーグ野球やアメリカンフットボールに興じているのに、遠く離れた戦場で命を落とす若者も多くいます。運命といってしまえばそれまでですが、何とも惨《いた》ましいことです。これも現実、今の世の展開です。

人生二十代までは学ぶことと、結婚が大きな柱となります。特に読書三昧くらいにいろんな人の本からあらゆることを吸収することが大切です。三十代はハツカネズミのように働くことを忘れてはならない。汗して、苦労して働くことを、この三十代までに身につけておくべきではないでしょうか。そうすればこのレールに乗って四十、五十代が働けます。

今の若者は、この二十から三十代にふらふらした人が多過ぎるようで嘆かわしいものです。リクルートやフリーター、ニートという言葉が、このふらつきの手助けともなっているようです。転職を美化したり、定職のないのをカタカナ用語でごまかしてはならないし、ここに逃げ込んではいけないのです。

最も大事なことは、自分を裏切らぬこと、育ててくれた親を裏切らず悲しませないことです。これが最低条件ではないでしょうか。あとは欲張らず身の丈に合った生き方を心がけ、自分に与えられた運命といえるものを素直に受け入れ、決して他人を羨まないことです。

世界中、神や仏、何かに手を合わせない人はいない、といっても過言ではありません。人は基本的に素直であるし、何かに祈り救いを求める弱い存在です。神や仏に救いを求めるからこそ、どんな小さなことでも人を助けて通ることを心がけていれば、我が身が助かるのです。

こうした生き方であれば、いい人生といえるのではないでしょうか。一生を少しの笑い「一笑」に満たすには、人はこの自然界の不思議な働き、人間業ではない神業、「サムシング・グレート」の力、恵みを受けて生かされているのです。誰でもができる笑いが遺伝子にスイッチオンされ、いい人生への大きな力となることを知り、笑いを忘れないでいようと思います。

第一章◉笑いと健康

一、不安性の日本人

「笑いごと」ではありません。「笑い」は健康にいいのです。医学的にいろいろと実証されています。

それより人はなぜ笑うのでしょうか。それは人間だからです。動物は笑わないでしょう。悩まないでしょう。ましてや心配しないでしょう。そうです、人は悩み、心配し、不安をエスカレートさせます。

特に日本人は心配性ですね。健康不安、老後の不安、年金不安、就職不安、経営者なら利益不安、資金繰り不安、税金不安、倒産不安、等々不安のピラミッドができますね。

あの有名になった金さん銀さん、テレビによく出られるようになって百歳にして収入があるようになりました。「このお金は何に使いますか」というインタビューに「老後に備えます」と実にユーモアに答え、日本中を笑わせました。日本人の気性を一口で実にうまくいい当てています。

この不安性の解消に「笑い」が必要なのです。「心と遺伝子研究会」という、心が遺伝子にどのような影響を及ぼすかを研究されている会の代表を務めておられる村上正雄筑波大学名誉教授は、笑いがどのように遺伝子にスイッチオンするのか、吉本興業と三回のジョイント・イベントを行ないました。その研究成果の中身を、次の項より覗いてみることにします。

まとめ●不安性は負の遺伝子をスイッチオンにして体に悪い。
●笑いは正の遺伝子をスイッチオンにし、負の遺伝子をスイッチオフにさせる。
●金さん銀さんのユーモア――百歳にしての収入を「老後に備えます」といって、日本人の不安性を笑って指摘する。

二、笑いの製造業、吉本興業

私は何度も大阪なんばの吉本グランド花月に足を運びました。笑いの体感です。平日の三時開演というのに、一〇〇〇人近く入る劇場は満員です。平日は二回公演、土曜日曜は三回公演ですが、連日満席、チケットの手配は大変です。この日も、新潟県や山口県から来た人たちがおられました。地方から観光バスを何台も連ねてやってくる人たちで、席は連日埋まるのです。

吉本興業という会社は、かなり商売上手ですから、吉本に所属する芸人が連日テレビやラジオに出て、全国知らない人がいないということになって、一度生《なま》で見てみたいとなるのでしょう。

それやこれやがあっても、結局は、掛け値なく面白いことです。どの芸人もプロ根性をもって、客を休ませずに笑わせる。これなんです。〝ほんまもんの笑いの王国〟が吉本であり、それが吉本グランド花月にあるのです。

人は普段、何のてらいもなく、腹から笑い、背中まで痛くなるようなことは少ないでしょう。笑いは人生を明るくし、幸せにします。

私はというと、普段笑いや笑顔に努めるのですが、何かぎこちない。職業なのか性格なのか、本来明るく冗談が得意な私ですが、若い時から人はとっつきにくいと感じるらしいのです。話している内に愉快な話好きな人だと分かってもらえるのですが、これではいけない。初めが肝心、第一印象が大事です。もっと笑いと笑顔が自分のなかに常に住みつくようにしなければ、と思っています。何かあると顔がこわばる、気が高ぶる、相手の人を威圧する。こうなると私の場合は血糖値が一〇〇近くも普段より上がります。これではいけない。まだまだ人間ができていない。笑いがもたらす柔和な顔、優しい心遣いが常時できなければと思います。

若い時から「目配り、気配り、心配り」をモットーにしてきただけに、常に神経がたっている。また八方に神経が走るので疲れる、これが顔に出る、そこが原因で人はとっつきにくいと感じるようです。いい面も確かに多い、よく気がつく、先々と気を配り成果を上げる。しかしどこか違うということを常に感じてきました。顔が笑っていない。心底笑いが身についていないのです。

人生晩年の域に入り、明るく楽しく笑いでいっぱいの後半生を生きたいと思っています。

幸い幼い四人の孫たちは、私が大好きです。いつまでも「幼心」を持ち童謡を口ずさむ。何とも心が洗われます。人間これは大事な要素です。この幼心が悪事をかき消すのです。兄から「すべての人に好かれるのはむずかしいが、顔を合わせる人にいやな奴と思われないことはできる。まずそこから始めよ」と教えられたことがあります。そうだ、これをベースに好かれる輪を広げようと思っています。

誰しも人生の終焉はきます。その時「ああ楽しかった」と終わりたいと願っています。笑いという秘書を連れて歩こう、笑いのサプリメントを毎食飲もう、そうすればイメージが変わるし、何より自分が健康になれる。平均寿命と健康寿命の七・五年の差につかまらずにすむ、一日一笑の積み重ねから一生一笑が得られる。そうだ、笑いの王国を自分の住処にしよう。人は楽しいから笑うのではなく、笑うから楽しいのです。（アメリカの実践心理学者ウイリアム・ジェームスが提唱）

「笑う門には福来る」というでしょう。そうです、「笑う家」に「福」がくるのです。「福」がきてから笑おうと思っていると、いつのことか分かりませんよ。

「笑う」ことと「ありがとう」のひとことは人生の大きな宝です。この二つで「一日一笑」から「一生一笑」という大きな「福」がきます。写真を撮る時、みなさん「はいチーズ」「一足す一は、二―」といいますね。笑顔の写真が美しいのです。男前や美人ではないのです、笑顔です。

男性の魅力も、筋肉隆々や胸毛とは違うんです。「目」生き生きした目、明るい未来を見ている目、笑いのある目、そうです、男前の値打ちは笑顔にあります。女性に聞いてみて下さい。

私が笑えばあなたが笑う、これが「ミラーの法則」です。このように笑いのいいところは、人を楽しくさせることです。笑った表情のいい人を友達に持つと、心があたたかくなりますね。

日本には笑いの文化があります。落語、漫才、喜劇、笑いの宝庫ですね。笑いを求めて三千里、足を運ぶことは運動にもなり、笑いで健康が得られます。

まとめ●笑いの王国吉本興業で、たまには腹から笑って、背中まで痛くするのもよい。
●「笑う門には福来る」、笑う家に福がくる。
●人は楽しいから笑うのではなく、笑うから楽しいのである（ウイリアム・ジェームスが提唱）。

●私が笑えばあなたが笑う（ミラーの法則）。
●人生、笑いが基本。

三、笑いの効用

それでは、これまでに医学的に実証された笑いの効能例を挙げてみます。

最近では、笑いの心身に及ぼす効用が村上正雄筑波大学名誉教授によって、科学的に証明されてきています。笑いは正の遺伝子をスイッチオンにし、前向きのプラス思考、人と人とをつなぐ最高のコミュニケーション手段でもあり、人々の生活になくてはならないものです。

①　免疫力を高める…免疫機能は年齢と共に低下するといわれていますが、笑いによって年をとってもNK（ナチュラル・キラー）細胞の活性化が報告されています。
②　ひらめきを与える…笑うと脳波にアルファ波が多く現われ、集中力、記憶力が高い状態に保たれることが実証されています。
③　血行を促進する…笑いは腹式呼吸を促し、通常の胸式呼吸に比べ、一般成人の場合、一

回の呼吸量が最大で約四倍にもなり、老廃物を身体の外に多く排出し、体内の血行を促進します。
④ 痛みを抑える…気分が高揚する作用があるといわれる「エンドルフィン」が増え、痛みを和らげます。
⑤ 自律神経機能が活発になる…顔の筋肉を動かすと副交感神経の働きが活発になるため、リラックスができます。よく笑い、自律神経の機能を活発にすることによって、ホルモンのバランスがよくなり、肌がきれいになる効果も期待できます。
⑥ 脳を刺激する…脳の記憶と関係が深い「海馬」の血流量が増加して痴呆予防になります。
⑦ 内臓の働きを高める…腹腔部の自律神経のセンターでもある腹脳を活性化し、腹部の内臓の働きを高め、便秘や胃腸の痛みなどが改善されるそうです。
⑧ 心身の緊張がほぐれる…楽しいことで「笑う」とストレス解消、血行がよくなり、肩こり、首こりを防ぐなどがあります。
⑨ ストレスを解消…笑いはストレス解消の特効薬。数々の不安や悩み、人間関係の問題など、時には「笑い飛ばす」ことも大切です。
⑩ コミュニケーションを円滑にする…笑いは人間関係を円滑にして仕事の効率をアップさ

せます。ユーモアが大切。

このように、「笑いの効用」はたくさんありますが、人が生きていく上で大事な健康も、人間関係も「笑い」がいかに大切かということですね。

まとめ●笑いは心次第で正の遺伝子がスイッチオンになる。

●笑いの効用

① 免疫力を高める。

② 血行を促進する。

③ エンドルフィンが増え、痛みを和らげる。

④ 脳を刺激する。

⑤ 内臓の働きを高める。

⑥ ストレスを解消する。

●笑いはいいことづくめ。

四、笑いの医学的効能、糖尿病・リュウマチ・免疫機能等に実証

① 村上教授が代表を務める「心と遺伝子研究会」が一九九一年に、大阪の吉本興業が経営する「なんばグランド花月」で実験、ガン闘病者一九人に三時間大笑いしてもらい、ガン細胞をやっつけるリンパ球（ナチュラル・キラー細胞＝ＮＫ細胞）の活性に非常な改善効果が実証された。

② 一九九五年三月、日本医大のリュウマチ科で、中度から重度のリュウマチの女性患者さんに、落語家の林家木久蔵さんの落語を一時間聞いた後の検査で、顕著な炎症の免疫効果がみられた。

③ 二〇〇三年一月、つくばノバホールで糖尿病患者を含め一〇〇〇人を集め、公開実験が二日間に分けて行なわれた。一日目は大学教授の糖尿病についての講義、二日目は吉本興業のB&Bの漫才を聞いてもらった。二五人に五〇〇キロカロリーの寿司を食べた後に漫才を聞いてもらい、漫才を聞く前と後の血糖値が平均上昇率で一二三㎎／dℓから七七㎎／dℓに下がった。その後、筑波大学では「笑いの顔体操」も研究され、笑ったと同じ筋肉の

働きによって効果があることも発表されている。

④　奈良県天理市の天理よろず相談所「憩の家」（病院）では、糖尿病外来でお笑いビデオを処方し、七〇％の効果を上げている。これは薬でいう特効薬の効果を示している。

⑤　大笑いすることは心理的効果だけでなく、短時間で免疫系を活性化させる生理的効果もあることがわかった。また、吉本興業での二回目の実験は、ガン治療中の患者ばかり二〇名を対象に行なわれ「笑いの免疫機能効果」が実証されている。

このように「笑い」は医学的に健康へ明らかにいい働きをすることが、次から次へと実証されています。日本笑い学会副会長で医師の昇幹夫氏の「笑いは心と脳の処方せん」「笑い長寿の健康科学、笑って長生き」に書かれています。

一日中いや年中、吉本興業の漫才や落語を聞いているわけにはいかないですね。この束の間の笑いを持続させ「一日一笑」から「一生一笑」へと繋ぐには、自然体で笑いを取り入れた行動や心遣い、笑いを誘う話し方、笑顔が大きな働きをするのですが、個人であれ企業・会社であれ、健全な会計（懐具合）がなければなりません。

「健全な会計に健全な精神宿る」のです。「金欠病」という病気がありますね。これは辛いですよ。ない袖は振れませんからね。勉強もしないで、いい大学に入りたいといってもダ

メでしょう。お金がほしいといっても働かなければダメですね。格差は身から出た錆が大半です。神は
「わが身うらみであるほどに」
といわれます。そうです。解決の道は自分です。

まとめ●笑いはリンパ球の活性に効果がある。
●リュウマチの炎症に免疫効果がある。
●血糖値の上昇を抑える。
●笑いを得るには健全な会計（懐具合）がなければならない。健全な会計に健全な精神（笑い）が宿る。
●「金欠病」は辛い。これでは笑えない。
●ない袖は振れないのは「わが身うらみであるほどに」と（天理教の）神はいわれている。

五、笑う常備薬を実践

私が毎日のようにお会いするコンビニの主人、齢七十一歳で、若い時には酒屋で重いビールや酒を配達、マンションの階段を登り下りして腰が曲がっています。私とは遠縁になる人ですが、目の前の好きなお酒を飲み過ぎたのか肝硬変を患い、大腸ガンを手術し、昨年は早期胃ガンを内視鏡で摘出されました。首には唾液と脂肪の大きなコブをぶら下げていましたが、これも取ってしまって、今では跡形も分からないという、まさに満身「傷だらけの人生」と思える人です。

ところが、です。この方、話の語尾に必ず笑うのです。意識してではなく自然なのです。人を笑わせるより先にご自分が笑う。天性でしょうか、聞いている人を愉快にさせます。「こんなべっぴん見たことない」という歌がありましたが、誰がいつ見ても「こんな善人見たことない」を連想させる人なのです。いくつもの病を吹き飛ばし、明るく笑うという常備薬を携帯されています。患った病もなんのその、退散です。後半生は自分の賞味期限を延ばされているのです。

誰でもこんなうまいわけにはいかないと思いがちですが、心がけ次第です。笑いを積極的に取り入れた生活態度が人生を明るく楽しく、正しくさせるものですね。学ぶ門に福来る、働く門に福が来る、笑う門に福は来るのです。

まとめ●笑いの常備薬は効果てきめん。
●笑いは病気を吹き飛ばす。
●笑いは自分だけでなく人を楽しくさせる。
●学ぶ門には福が来る。働く門に福が来る。笑う門に福が来る。

第二章◉人にも賞味期限あり

一、賞味期限は延ばせられる

最近、食品の賞味期限だ消費期限だと、かなり厳しい目が向けられています。品質表示は食品だけでなく、多くの商品に表示義務が拡がっています。またここ数年、大企業の役員が三、四名並んで謝罪するニュースをよく見ます。これは企業経営に関する役員の賞味期限切れでしょう。

知っていますか。人間にも賞味期限があるんですよ。どこにも表示されていませんが、製造年月日（生年月日）はちゃんと戸籍にあります。賞味期限の目安といえるのは、物忘れ、置き忘れ、仕舞い忘れに始まります。また昔語りが多くなったり、同じことを何度も話す人がいますね。その上話がやたら長くなったり、意味不明の話しぶりになったりしてくると、賞味期限切れといえるでしょう。

しかし、食品や他の商品との違いは、人間の賞味期限は延ばせられるということです。自分で自分の賞味期限を延ばせる。これが人生をより楽しくさせるのです。素晴らしきかな人生は、の高齢者になれます。

老いるということは何かを失うだけでなく、未知との遭遇なんです。よく巷では、「年をとっていやになるよ」という人が多いですが、年をとるというのは悪くないものだと毎日、新発見を楽しむことです。

そのためには脳の衰えをなくし、むしろ活性化させる必要があります。その第一は食であり、第二は笑いでしょう。第三は意欲という欲を持つことです。お金持ちになりたい、美しくなりたい、ああもしたい、こうもしたいという欲を持つことが、脳の燃料といえる血液を脳に多く送り込むことができます。

「人生思うようにならないなあ」という人は見事に思うようになりませんね。思うように、望むようにしようと思う意欲があればどうにかなるものです。意欲が可能にします。

またよく噛むことは、血液をより多く脳に送るのに非常に効果があるようです。終戦直後は一食当たり一四〇〇回くらい噛んでいました。今では六二〇回くらいしか噛んでいません。源頼朝の時代は二八〇〇回くらい、平安時代は一六〇〇回くらい、徳川十三代将軍家定の時代は一〇〇〇回くらいというデータがあるそうです。と松原英多先生（「おもいっきりテレビ」でお馴染み）がいわれています。

こうしてみると、現代はいかに軟らかい食品が多く、顎を動かさなくなっているかがよく分かります。一食に必ず一品、堅いものを食べるといいでしょうね。そういう意味では玄米はよく噛むからいいともいえますね。

よく噛むのと同じか、それ以上の効果を発揮するのがやはり笑いですね。笑いは健康を招きます。

まとめ●人にも賞味期限はある。物忘れ、置き忘れ、仕舞い忘れから始まる賞味期限切れ。
●人の賞味期限は延ばせる。
●脳の衰えをなくし、活性化させる第一は食、第二は笑い、第三は意欲である。
●賞味期限を遅らせるためにはよく噛んで、脳に多くの血液を送り込むと、脳の活性化が促進する。

●一食当たりの噛む回数（あるデータ、平均）

現　代	六二〇回
徳川十三代家定の時代	一〇〇〇回
平安時代	一六〇〇回
源頼朝の時代	二八〇〇回

二、日本人の平均余命

厚生労働省発表の平成十七年簡易生命表の確定版が平成十九年三月一日に発表されました。これによると、男の平均寿命は七十八・五六歳、女の平均寿命は八十五・五二歳と、前年と比較して男は〇・〇八年、女は〇・〇七年下回りました（表1・表2は確定前の予測値）。各年齢の平均余命についても、前年に比べ、男女とも全年齢で下回ったのです。

主要国・地域の直近の統計と比べると、女性は世界一、男性は四位の長寿となっています。

平成十七年簡易生命表によると、男女それぞれ一〇万人の出生に対して六十五歳の生存数は男八万五六〇六人、女九万三〇六九人となっています。これは六十五歳まで生存する者の割合が男は八五・六%、女は九三・一%であることを示しています。同様に、八十歳まで生存する者の割合は男五五・〇%、女七六・八%となっています（表3）。何と男女共に長寿ですね。

まとめ●男の平均寿命七十八・五六歳（世界第四位）。女の平均寿命八十五・五二歳（世界第一位）

●八十歳まで生きる割合（平均余命）
男五五%　女七六・八%

●これをみて何を感じるか。長生きしたいが、長生きの仕方が大事。
次項を読んで下さい。

表1　主な年齢の平均余命とその延び　(年)

年齢	男			女		
	平成17年	平成16年	延び	平成17年	平成16年	延び
0歳	78.53	78.64	△ 0.11	85.49	85.59	△ 0.10
5	73.85	73.96	△ 0.11	80.78	80.88	△ 0.10
10	68.90	69.00	△ 0.10	75.81	75.92	△ 0.11
15	63.94	64.04	△ 0.10	70.84	70.94	△ 0.10
20	59.05	59.15	△ 0.10	65.90	66.01	△ 0.11
25	54.22	54.32	△ 0.10	60.99	61.09	△ 0.10
30	49.39	49.49	△ 0.10	56.09	56.18	△ 0.09
35	44.58	44.68	△ 0.10	51.20	51.29	△ 0.09
40	39.82	39.93	△ 0.11	46.35	46.44	△ 0.09
45	35.14	35.25	△ 0.11	41.54	41.63	△ 0.09
50	30.59	30.70	△ 0.11	36.81	36.90	△ 0.09
55	26.21	26.33	△ 0.12	32.17	32.27	△ 0.10
60	22.06	22.17	△ 0.11	27.62	27.74	△ 0.12
65	18.11	18.21	△ 0.10	23.16	23.28	△ 0.12
70	14.38	14.51	△ 0.13	18.85	18.98	△ 0.13
75	11.07	11.23	△ 0.16	14.80	14.93	△ 0.13
80	8.23	8.39	△ 0.16	11.11	11.23	△ 0.12
85	5.93	6.07	△ 0.14	7.97	8.10	△ 0.13
90	4.23	4.36	△ 0.13	5.56	5.69	△ 0.13
95	3.05	3.21	△ 0.16	3.90	4.02	△ 0.12
100	2.21	2.41	△ 0.20	2.80	2.96	△ 0.16

表２　平均寿命の年次推移　（年）

暦年	男	女	男女差
昭和22	50.06	53.96	3.90
25-27	59.57	62.97	3.40
30	63.60	67.75	4.15
35	65.32	70.19	4.87
40	67.74	72.92	5.18
45	69.31	74.66	5.35
50	71.73	76.89	5.16
55	73.35	78.76	5.41
60	74.78	80.48	5.70
平成2	75.92	81.90	5.98
7	76.38	82.85	6.47
8	77.01	83.59	6.58
9	77.19	83.82	6.63
10	77.16	84.01	6.85
11	77.10	83.99	6.89
12	77.72	84.60	6.88
13	78.07	84.93	6.86
14	78.32	85.23	6.91
15	78.36	85.33	6.97
16	78.64	85.59	6.95
17	78.53	85.49	6.96

注：1）平成7年まで及び平成12年は完全生命表による。
2）昭和45年以前は、沖縄県を除く値である。

表３　年齢別生存割合　（%）

暦年	男			女		
	40歳	65歳	80歳	40歳	65歳	80歳
昭和22	68.0	39.8	9.5	70.9	49.1	17.3
25-27	81.8	55.1	16.6	83.2	62.8	26.1
30	87.0	61.8	20.0	89.0	70.6	31.9
35	89.7	64.8	20.1	92.2	75.2	33.8
40	92.6	69.1	22.6	95.0	80.0	38.4
45	93.7	72.1	26.1	96.1	82.6	43.0
50	95.1	76.8	33.2	96.9	86.1	50.7
55	96.1	79.4	37.8	97.6	88.5	57.0
60	96.7	81.1	42.8	98.0	90.1	63.0
平成2	97.1	82.6	46.9	98.3	91.3	67.8
7	97.2	83.3	48.2	98.4	91.6	70.2
12	97.5	84.7	52.5	98.6	92.6	74.5
13	97.6	85.1	53.5	98.6	92.8	75.3
14	97.7	85.4	54.2	98.6	92.9	75.9
15	97.6	85.3	54.5	98.6	93.0	76.3
16	97.7	85.7	55.2	98.7	93.0	76.8
17	97.7	85.6	55.0	98.7	93.1	76.8

注：1）平成12年までは完全生命表による。
　　2）昭和45年以前は、沖縄県を除く値である。
　　3）生命表作成時点における死亡状況を一定不変とした場合の状況を表しており、現実の生存者の割合とは異なっている。

三、平均寿命と健康寿命

(1) 七・五年につかまるな

表3が示すように、日本はますます高齢化が進みそうです。また観点を変えれば日本人は、平均寿命と健康寿命の間が七・五年といわれています。この七・五年はすごく長いですね。「健康があれば命はいらない」なんて冗談があります。

一休さんは

「生まれては死ぬるものなり、おしなべて釈迦も達磨も猫も杓子も」

といわれています。当たり前ですが、死亡率は一〇〇パーセントです。でも死に方が大事ですし、死ぬまでは元気でいたいですね。

お葬式の時に「故人は生前…」と挨拶のことばに入れますね。死ぬ前なら死前ではありませんか。生前というのは、往って生きる大往生のことで新しいステージに往く、この世はその前のステージですね。だから天理教では死ぬことを「出直し」といいます。死ぬと同時にどこかで生まれ直しているといわれます。

日本人は長寿であるけれども、晩年は健康ではないのです。植物人間、寝たきり老人、認知症というように本人はもちろん、家族が大変苦しむ人が多くなっています。この老人医療もまた大変なものです。

お金のある人は何千万円も払って高級施設に入れますが、通常は介護老人保健施設を行ったり来たりです。高齢社会を反映してデイサービス、ヘルパー派遣、ヘルスケアーといった看板が実に多く町にみられるようになりました。健康保険に加えて介護保険料の支払い義務があります。

最近、年金所得の還付申告相談に出かけることがあります。年金をもらいながら介護保険料を年金から払っています。介護を受ける人が増えて、その負担が増大するばかりです。平均寿命と健康寿命の差七・五歳につかまらないような心がけが大事ですね。

祇園精舎は釈迦の説法道場として寄進された寺のことですが、誰だってこの祇園精舎の鐘は鳴ります。昔でも病気になると施薬院、施療院といって病院の役割をするところがありました。でも、なかには薬石効なく亡くなる人もあります。そんな手の施しようもない病人を収容したのも祇園精舎です。その人が亡くなるとゴーンと鐘をついた、それが「諸行無常の響きあり」ということだったのです。

平家物語の初めには「祇園精舎の鐘の声、諸行無常の響きあり、娑羅双樹の花の色、盛者必衰の理をあらはす。おごれる人も久しからず、唯春の夜の夢のごとし」とあります。地位や名誉やおカネに執着し恋恋としても、人は必ず死を受け入れねばなりません。何事も「程」、身の丈に合った生き方を見つけて、笑いのある人生、人に好かれ愛される人生、そこにこそ求めるべき人生があるように思います。

(2) ピンピン・コロリ

桂文珍さんは落語で、死ぬまでは「起きたきり老人」という話で笑わせましたが、実にうまいことをいっています。人は長生きだけすればいいのか。そんなことはありません。「ピンピン・コロリ」が望むところです。人は一日一日老いるのであって、突然あるとき老化が始まるわけではありません。

「健康長寿」には体調維持が大事であって、日一日と老いていく体と心をできる限り安定した状態に保つことなのです。誰しも願うことですが、ぽっくり寺詣りが流行したことがあります。寺詣りだけではダメですね。体調維持の自己管理が大切です。これはお医者さんでも、奥さんでも家族でもありません。自己管理の強い意思です。

日本で長寿県といえば沖縄だったのですが、最近は少し事情が変わったようです。野菜を一年中つくることができる沖縄県が、日本一野菜を食べなくなったり、海に囲まれていながら魚も日本一食べなくなったのです。沖縄は日本でも独自特有の文化を堅持してきました。しかし観光開発が進み、観光客がどっと来るようになり、俗化というか他の県と同じように肉やファーストフードを多く食べるというようになったようです。その結果、二〇〇〇年には、男性の長寿が二六位に転落したのです。

一方長野県では、海のない茅野市はかつて県下で脳卒中が一番多かった当時は、野沢菜のような塩分の多いものを好んで食べていました。しかし茅野市は、江戸時代から「寒天の里」としても知られ、海のない地域でありながら日本の角寒天の九〇パーセントもつくっています。

寒天は食物繊維が多いことで知られています。血管を若々しく保つために役立つ食物繊維の多い寒天、これを使った料理を主婦たちが工夫し、トマト寒天が日本中にブームを起こしました。そうした努力が実を結び長野県は今、日本一の長寿県となり、しかも日本一老人医療費の安い県となっています。

反対に北海道が一番高いそうです。高齢化、すなわち医療費の高騰、高負担ではとても世界に誇る長寿国とはいえませんね。

各都道府県は、この老人医療費の安さランキングを毎年競うような工夫と情報交換に積極的に取り組むべきです。若い人たちがいくら働いても年々、年金保険料や健康保険料、介護保険料が上がって、可処分所得が増えなければ労働意欲を失います。

長寿に対するこれ以上の社会負担は望ましくありません。人は還暦を迎える頃から働き疲れた羽根を休め、楽しみながらの働き、体を動かす、暴飲暴食を慎み、健康長寿への心がけへと舵の切り換えが必要です。一人一人の健康への舵取りが社会負担を減らします。「目指そうピンピンコロリ、楽しもう健康長寿」です。


まとめ●平均寿命と健康寿命の差は実に七・五年。七年半も病につかまって苦しんでは長寿ではない。寝たきり、植物人間、認知症の老人のなんと多いことか。つかまるな、七・五年の老後の病に。
●「生まれては死ぬものなり、おしなべて釈迦も達磨も猫も杓子も」(一休さんの歌)
●突然ある時、老化が始まるのではない。
●健康長寿には体調維持を心がけること。自己管理の強い意思を持とう。

●食が健康の源。
●「心のありよう」が、病にかかるか元気でいられるか、を決する。

四、病のもとは「こころ」から

一般に「病は気から」といいますが、この「気」とは「こころ、精神、意向、生まれつき、気質」などと辞書にあります。やはり「こころ」ですね。

母親の体内からオギャアと生まれてから、人は空気にふれ、この世のあらゆるものにふれます。だから完璧な健康体の人なんていないと、私は思っています。元気に人並みに社会生活が送れていれば、それが健康だと思うのです。

年を重ねるに従って、あちらが痛いここが痛いとか、内臓のあちこちに悪いところができてくるのは加齢に応じての程度であればよしとしなければ、人間一二〇年も一五〇年も生きるわけではないのです。

NHKの「百歳ばんざい」をみていると、百歳で元気な人がたくさんいます。あの番組に登場する人を本当に長生きというのでしょうね。あの中で登場した大分県のお爺さんは、毎朝白いワイシャツにネクタイをして、ご自分の会計事務所に出勤するんです。そうです、私と同じ税理士さんです。決算書をみて社会に接し、若い所員さんとのふれあいがしたいからと話されていました。それにですよ、九十九歳から百歳までの背泳ぎの日本記録保持者なんです。そりゃそうでしょう。百歳にもなって泳げる人は、そうはいないでしょう。同業の大先輩として誇らしい限り、「すごい」のひとことです。

普通は、せめて平均寿命まで、いや八十まては生きたいと思うのではないでしょうか。しかし何のための健康なのか、何のための長生きかが大事ですね。単なる長生きだけでは意味がありません。病気や寝たきりでは長生きの甲斐がありません。

折角、この世において頂くのですから元気に人様や社会のお役に立つ生活、暮らし、働き（側楽《はたら》き）ができなければ意味がありません。人はその数だけ特殊な使命を持っています。誰一人として要らない人はないのです。そのことをはっきり自覚し、自分に与えられた運命の範囲を受け入れ、そのために働き、決して他人を羨まない暮らしができれば、誰でも輝いた人生を送れると思うのです。

その仕組みが理解できる人は、人生で「感謝」という二文字を知って生きることができます。感謝があると不平が消えます。「喜び」が生まれます。「こころ」が正されるのです。病が近づきません。これ長生きの道です。

（天理教の）神は、

「やまい（病）とゆうて　さらになし」

といわれています。病はもともとないのだと、はっきり断言されておられるのです。そうです。病のもとはやはり心からなんです。病は辛くて、苦しいものです。誰でも、病にかかりたいなどと思うものは一人もいません。誰もが願いもしないのに、いやむしろ、避けたい、かかりたくない病に、なぜかかる人が多いのでしょうか。

それは生きるということは大変だ、競争に勝ち抜かなければいけないんだという思いや、人より偉くなりたい、お金持ちになりたいという欲が強いからでしょう。決して私は悪いことだとは思わないのですが、ただその道中が大事です。「ない袖は振れない」と書きましたが、学びの時期は勉強に熱中する。社会に出てからは身を粉にして働く、心はいつも「側楽《はたら》く」の精神ですね。人を助けて我が身助かる、自利利他です。我《が》で動くと不思議に「大変だ」、「いやだ」となります。

むずかしく思うことはないと思います。崇高な目標でなくても人のお役に立ちたい、喜んでもらいたいために働いていれば気分はいいし、明るく楽しく働けます。

「やまいはつらいものなれど　もと（元）をしりたるものはない」
「なににても　やまいとゆうてさらになし　心ちがいのみちがあるから」
と教えられ、その「諸悪の根源はほこり」であるといわれています。体は神のか（借）りもの、か（貸）しものであって、「心一つの自由」が与えられています。この心一つの自由によって、人間は科学、医学などあらゆる分野で、素晴らしい発展を遂げましたが、反面、人間のつくりだしたもので人間が苦しんでいることも多いですね。原爆、核兵器、公害等々、数多くあります。

自分一人の楽しみや、利害にとらわれる人生を送りがちです。こうなると病の知らせがあるのです。この諸害の根源のほこりとして八つ教えられています。

「をしい、ほしい、にくい、かわい、うらみ、腹立ち、よく、こうまん」

この八つがほこりです。こうした八つのほこりを絶ち切るには、

「なんぎするのもこころから　わがみうらみであるほどに」

と教えられるように、〝他人が悪い、自分はいい〟の心遣いをきっぱりと捨て去ることです。

まとめ

●「病は気から」というが「気」とは「こころ」である。

●変に老け込まず、いつも青春の気持ちを持ち続けよう。

●大分の百歳の税理士さんに見習おう。

●「側楽《はたら》く」の精神、「自利利他」ともいう。

●「なにても　やまいというてさらになし　心ちがいのみちがあるから」
心ちがいの諸悪の根源は「八つのほこり」

「をしい、ほしい、にくい、かわい、うらみ、腹立ち、よく、こうまん」

このほこりを絶ちきれば、病の根はぬけると教えられる。

五、ロハスでいこう

「ロハス（Lifestyles of Health and Sustainability）な生き方をしよう。」とは、「自分自身の健康」と「自然環境の持続可能性」といったことに配慮した生活スタイルのことです。

「ロハス」の新しいところは、「無理をしない」「楽しみながら、自分の健康や環境にいい暮らしを実現する」というところにあります。つまり「程経営」であり、「身の丈に合った生活」です。

日本人は不安性の人が多いといわれるのに、マイホームや車、ブランド嗜好への傾倒に走り、生活を楽しみ、日々の暮らしのなかに喜びをみつけることが欧米人より苦手なのではないでしょうか。もっと自分に合った趣味を持ち、楽しみたいものです。

マイホームや車は、買った時の喜びはそれはうれしく、家族でハッピーな気分に包まれるのですが、それはわずか数か月、せいぜい数年という人が余りにも多いのです。ローンの支払いは現実です。夢や喜びだけでは解決しません。毎月着実に通帳から引き落とされます。しかも、元利均等の返済ですと、当初から借り入れた年数の半分以上の年月は金利がほとんどで、元金はほんの少しです。毎月苦労して返済したと思っていても、元金は随分と残っています。賞与が減らされた、昇給がない、子供たちの教育費がかさむ、といったように購入してからは悪条件ばかりが目立ちます。

しかし、これが現実です。計画は厳しくありたいですね。希望的要素は一切考慮せず「腹七分いや腹六分の計画」が大事です。

Sustainabilityがそうです。心も体も経済（懐具合）も、健康的で持続可能でなければばいけません。そうした生き方が「ロハス」なんです。

(1) ワーク・ライフ・バランス

WLB（Work Life Balance）とは、自分の人生における仕事と自分の時間のバランスをうまく取ろうという考え方です。この頃は、何にしてもまず、「健康に注意する」話ばかりで、何のために努力して長生きするのかを考えることが忘れられてしまっているように思えます。ただ単に長生きを目的で生きても仕方がありません。

陽気ぐらし、楽しく意義ある人生でなければ意味がありません。「学び」「仕事」に立脚した「生活」でなければ満足には近づけられません。刹那的な消費も感心しませんが、お金第一の拝金主義はなおさらです。

自分の生き方と死に方に責任を持って生きることを旨とすると、自ずとワーク・ライフ・バランスの生き方になります。

(2) ワーク・ジョイ・バランス

WJB（Work Joy Balance）とは、仕事と自分の時間のバランスが取れたら、次は仕事のなかに喜びを感じながらの働きというバランスを取ることです。

趣味と実益という言葉があります。団塊の世代は今年から定年退職組が大量に出ますが、まだまだ元気な人たちが多い。このまま引退では、社会にとっても彼らの能力をばっさりなくしては大損失です。

そこで定年後の働きは喜び（Joy）を感じられる働きを、主に生きがいをみつけることです。

私も既に六十四歳の誕生を迎え、二十代までの学びと結婚が柱の生活から、三十代のハッカネズミの働き（止まることも、振り返ることもなく一心不乱に働きに集中する）に全力投球し、四十代にその見直しと少しの休息を与えながらの働きに移行して、五十代、六十代を迎えて人生を振り返りながら大道へと出られることを楽しみ、とにかく日々充実した生活を心がけています。これが私流ワーク・ジョイ・バランスです。

ここで「お釣り」ということを少し書いてみます。当たり前ですが、お釣りは必ず自分に返ります。お金を払って次の人にお釣りが払われたら怒るでしょう。それでは損をしますものね。

昔、水洗便所になる前を思い出して下さい。「ぽとん」のお釣りは自分にきたでしょう。年配の方ならお尻を持ち上げて、お釣りがこないようにした経験が一度や二度はおありでしょう。そうです、お釣りは自分に返るのです。今は水洗なのでそんな心配はありません。結構ですね。

若い時分に奥さんに偉そうに言ったり、俺が働いているのだから子供の出来が悪いのはお前の教育が悪いのだといった男の人も大勢いたでしょう。遅く帰ってきても、めし、ビール、灰皿、新聞、風呂、寝ると単語だけ言い放っただけで、ゆっくり夫婦の語らいもしない人も多いですね。子供と遊んだり、家庭サービスもほとんどしない。

そうして働き疲れて、やっと定年を迎えたと思ったら、奥さんから「離婚して下さい。退職金は半分頂きます」と言われる。熟年離婚ですね。笑えませんよ。年を取ってからの男一人暮らしほど始末の悪いものはありません。お釣りが返ってきたのです。「気配り一秒、お釣り一生」です。因果応報ですね。

もう一つ、後生悪いことだけはしてはいけません。強引で端迷惑も考えない自分勝手な世渡りをする人がいます。後の世、子供や孫にまで報いのくるような悪いことをする人がいますが、これは絶対いけません。子や孫が可哀相です。親の因果が子に報いるといいますが、このような悪い因縁を残してはなりません。結構あるのです。本人は死んで子や孫が気づいていないのですが、親の因縁が報いている例が多くあります。

「お釣り」が返っていると考えれば、むずかしい話ではありません。「お釣り」は悪く出る場合が多いのです。勉強しないお釣り、働かないお釣り、偉そうにするお釣り、会計をバカにして経営したお釣り、脱税や粉飾のお釣り、法を守らないお釣り、そうです、お釣りはすべて自分に返ってきます。何の不思議もありません。いい種を蒔いて下さい。見事にいい実がなります。

折角の人生です。いい実のなる「お釣り」があるといいですね。これが「ロハスな生き方」であり、「ワーク・ライフ・バランス」「ワーク・ジョイ・バランス」の取れた生き方です。

まとめ●「ロハス」な生き方をしよう。
身体も心も健康的に持続性のある生活をしよう。それには「程経営」であり「身の丈に合った」生活を心がけよう。
●ワーク・ライフ・バランス

日本人は下手。働きバチや家庭を顧みない仕事の虫も感心しない。

●ワーク・ジョイ・バランス

仕事と自分の時間のバランスが取れたら、仕事のなかに喜びを感じながら働く生き方に。

●「お釣り」は必ず自分に返る。

勉強しないお釣り、働かないお釣り、偉そうにするお釣り、会計をバカにして経営したお釣り、法を守らないお釣り。

悪い種を蒔くと悪いお釣り、いい種を蒔くといいお釣りが返る。

第二部

どうする中小企業

第三章◉健全な会計に健全な精神宿る

長年、税理士として個人企業や会社の会計を診てきて思うことはたくさんありますが、そのなかで一番強く心に抱くようになったのは、健全な会計（懐具合）がなければ、清く正しくなんていっても空しいものだということです。人間、ない袖は振れないのです。まずは学びの時期はしっかり勉強する。次に社会にあっては働きに集中する。そうでなければ容易にお金は得られません。お金がなければ心まで変わるのです。悲しいことですが現実です。

私のような職業会計人は、この現実から目を反らすことはできません。生活のため会社のためと誰しも必死になるのですが、自分ではどうにもならないと感ずることがあります。この時が問題なのです。あれやこれやと踠《もが》きながら考えるのですが、会計（懐具合）の立て直しはむずかしいと思う人がほとんどです。

それは一朝一夕にはいきません。働きによる収益の増大がうまくできればいいのですが、そんな簡単なものではありません。まず会計の中身で悪くなった原因の究明。その排除、ムダを止め収益の増加に努める、こうした手順が大事です。

しかしもっと大事なことは、悪くならない対策、日々の働き、暮らしぶりなんです。

かつての日本は高度成長期までの大消費社会では3Cであったり、団地、ジーンズなど「隣と同じモノ」が欲望の対象でした。一九八〇年代に入ると一転して、「隣と違うモノ」が求められるようになったのですが、その目はいつも「隣人」に向けられている点は同じです。バブルの崩壊以後は、「自分の好きなもの」を求める傾向が強くなっています。しかし最も根強い望みは、何といってもマイホームでしょう。生活の拠点、誰の思いも同じようです。

このように人の消費願望は変化をしても、止めどがないところが人たる以所です。これは個人も企業にもいえることですが、会計（懐具合）との検討が甘いですね。浪費、無駄、過大投資、見栄と格好と体裁といえる出費は慎むことです。何より安全な「程」をわきまえた「身の丈に合った」経営を心がけることです。やさしいようで意外とむずかしいのです。

人は意欲を持って夢に向かって働くもので、誰しも大きくなりたいし、たくさんの金を手にしたいものです。当然のことなんですが、この時の絶対的条件が会計です。会計と二人三脚でなければ大抵の人は失敗します。個人も会社も健全な会計の範囲内で歩むことです。能力と体力の枠を越えてはうまくいきません。

この章に例示するAからE社は、最近の税理士業界に多い問題として列記しました。税理士業は三九年にもなりますが、つくづくむずかしいと感じています。士業のなかでも特殊だといえるでしょう。一度契約してクライアントになると何年も続きます。三〇年以上の会社もあります。それが一瞬にして崩れます。強い絆、深い付き合いと思っていても、それが壊れるのです。何とも空しいものです。

人間不信に陥ることもあります。士業の辛さでしょうか、信念を持って正を貫き、クライアントの幸せの手助けに仕事をしています。法は曲げられませんし、お金だけでは仕事はできません。説明力、説得力、道義等々、このすべてを尽くしても健全な会計を失くした人は、瞬時に人が変わるのです。空しく腹立たしく脱力感におそわれることもありますが、これが仕事、社会貢献も税理士としての大きな使命です。会計の悪化、手元不如意は「そんなことをすれば誰だって分かる」という常識を超越してしまうのが不思議です。そこで世渡りの要は「健全な会計に健全な精神が宿る」を肝に銘ずべし、です。

まとめ●健全な会計に健全な精神宿る。
健全な懐具合がなければ正しい心遣いをすることはむずかしい。
●消費の変化
高度成長期までは、隣と同じモノがほしい。
一九八〇年代には、隣と違うモノがほしい、に変化。
バブル崩壊以後、自分の好きなモノを求める。

一、資産売却を渋るA社

A社の経営者というより、このタイプの経営者は非常に多いのです。夫婦揃ってお人好しで気前がいい。だからというわけではないでしょうが、非常に乗せられやすいし、物事を安易にとらえがちです。

安易とは、経営者たる者は物事の一つ一つを会計と連動して考えなければならないところ、これを忘れてしまっているということです。会計は安易さを打ち消します。過ちを防ぎます。これが会計の役割なんです。

会計を何もむずかしく考える必要はありません。自分の弱い心や会社の能力以上のことに強い味方になります。

乗せられて安易に別荘を買ってしまったという例があります。不動産を買う時は売る時のことを考えて買わなければなりません。別荘なんてものは収益を生まない上に維持費がかかります。だから売る時にまず、すぐに売れるか、値段は最低買い値で売れるか、買い値とは土地価格、仲介料、登記料、不動産取得税まで含めて考えると堅実です。借入金の利息まで加算できればよいのですが、そもそも別荘を借入金で買うことそのものが間違っています。

会計という仕込み杖を持っていないために、会社経営でもむやみに拡大してしまいます。企業団地に二つも三つも工場を持ち、会社を二つにして、二つの決算とも満足にできない。業界の先行きの見通しがあれば一工場で堅実にするのでしょうが、会計（会社の懐具合）に相談しないと結果は明らかです。

借入れが増大し返済に窮する。当然資金繰りは苦しくなり、手形の山も築く。こんな経営者に限って不動産を売ることを渋る。会計面からまず別荘、第二、第三工場の売却を促し、居宅の売却を薦める。居宅の売却は会社の危機感を身を持って体感する必要があるという理由からと、会社の会計に会社以外の資金を入れるためです。

税理士がいくら理解し説得しても、普段から会計と二人三脚の経営をしていない人は容易には応じません。つくづくむずかしいと痛感しています。

《厄介は見栄と格好と体裁》

こうした時に一番邪魔になり厄介なのは、見栄と格好と体裁を意識することです。その上に未練が乗っかります。こうなれば始末の悪いものです。経営判断を狂わせ、遅らせます。どんどん会社経営は悪化します。人の心とは理屈だけでは割り切れないものです。苦しい会計状態が続くと、人の健全な精神まで蝕むのです。

それに悪いことは重なるものです。資金繰りが苦しいために融手を頼み、一時凌いでいても融手の相手が先に企業再生法の申請を出し、一〇〇〇万円以上の売掛金は回収できなくなるし、融手は倍額で跳ね返ることとなってしまったのです。

一に会計、二に聞く耳、三に実行の教訓です。

まとめ●資産売却を渋るA社

企業再生に会計分からず、資産売却を渋り、対策遅れとなる。

●一番邪魔になる見栄と格好と体裁、その上に未練が重なる。
●一に会計、二に聞く耳、三に実行

二、粉飾止められないB社

Ｂ社は順風に業績を上げてきた典型的家族中心同族会社です。業界では上場企業一社以外は余り旨味もない、小さな金額的にも嵩の上がらないことと、Ｂ社の技術、コスト削減に勝てずに、他社は撤退してしまっています。それこそ二〇年くらいは平和な商いの日々を過ごしていたのです。

それが急変してきた裏には、やはり中国の台頭があります。中国から入ってくる製品には、Ｂ社が唯一製造する部材を装置された完成品が輸入されるようになってきたのです。そうなると、その部材の単価をいくら安くつくり、販売するといっても買うところが僅かになり、望まずとも中国へ工場を進出し、製造することを迫られたのです。

中国の業者に直接売るより仕方がなくなったのです。中国に工場を持ち、そこで生産するといっても、そこは大手が進出するやり方とは自ずと違いがあります。

まず資金力の差、これは歴然としています。人材の集め方、中国市場での販売力、回収のむずかしさ、経理の事情が日本とまったく違うし、経理能力者を採用してもこれが信頼できない。省や市、町の政府関係者は賄賂を払わなければ直に処理をし、許認可を出しません。こうした類いは金で解決することが多いのですが、そこは零細企業の悲しさ、万事大手のようにはいかないのです。だから何彼に時間がかかるのです。

最も困難を極めるのは、言葉の壁でしょう。いくら通訳を雇っても思うようにはいきません。ただ日本の一〇分の一以下の安い賃金の女性労働者は、求人すれば無尽蔵にやってきます。みな勤勉であり真面目です。順調に稼動し生産は上がります。

《売る努力二割、回収努力八割の中国市場》

売ることも製品が安ければよく売れるのですが、大きな落とし穴があります。売り努力二割、回収努力八割といわれる中国市場、また中国企業の経理担当者は如何に払うべきものを払わなかったかで評価されるといわれるような一面を持っています。売掛金は増えるが回収できない。利益は出るが金がない、の現象に頭を打ち、悩む日々となります。大手の大多数は中国で安く生産し、販売は日本、アメリカ、ヨーロッパ等と直接中国市場に売るケースは少ないのです。だから大手の海外工場進出はうまくいくのです。

Ｂ社のように中国市場へ直接売らねばならないための工場進出はまったく事情が異なります。小さな会社にしては中国への投資が徐々に膨れてきます。最も困った問題は中国の会社は黒字でキャッシュ不足、日本の本社企業は赤字で中国工場への資金提供役になり下がる。両者を連結すると利益と赤字はゼロになるかも知れないが、どちらも資金だけが大きく不足してしまったのです。

工場の五〇年間使用権の購入代、建物建築費、回収の進まない売掛金等々の問題で中小企業Ｂ社の海外工場進出は、それは厳しいものです。

《正を貫く勇気なし》

この本社企業が赤字のままでは資金調達ができず、ついつい粉飾の安易に入り込む。これまでに貯めた資金が、会社にも個人にも借入金に匹敵するくらいはあると推測されますが、貸してくれるから借りる。借りるには赤字の決算書は出せない。粉飾する。役員報酬をゼロにして一年で、この数年の粉飾を消すことを何度も説き、二年にわたり時間をかけるが止められない。勇気がない。金融機関に知れるのが怖い、に考えがいってしまう。悪が悪を呼ぶのです。

同じような粉飾をしていた会社を説得し、これを止めさせて金融機関に一緒に頭を下げて回った経験を私はもっていますが、Ｂ社の場合はダメだったようです。役員報酬の一年間停止は源泉所得税・地方税不要、社会保険料激減、粉飾帳消しです。生活費は貯えからすればいいのです。こんなこと理解できているのでしょうが、要は勇気をもって粉飾を是正し、金融機関に頭を下げる。この謙虚さを失った経営者は賞味期限切れですね。

まとめ●粉飾止められないB社
資産不足が借入癖となり、赤字隠しの粉飾となる。
●会計の理解不足が粉飾を続けさせる。
●健全な会計（懐具合）を失うと、経営者の素直さまで失われる。

三、八つ当たりのC社

何に八つ当たりか、思うように儲からないことに八つ当たりなんですが、矢はどこに飛ぶか分かりません。ここ五年くらいは、社長は月に一〇万円しか給料が取れていない。誰が考えても面白くありません。さりとて自分の会社です。逃げ出すわけにもいかないのです。

中小企業の製造業が忙しくならなければ、機械の部品や工場で使うあらゆるものを販売している会社ですので、売上は伸びない、価格は下がるで悪い状態が続いているのです。

《悪い時こそ人間性が表れる》

このように努力だけではどうしようもならないことが世のなかにはあります。こうした時にこそ、その人の人間性が表われます。人間としての真価が問われるのです。一流の大学も出て六十歳を超えた経営者でも、その性格がもろに表面化するから始末が悪いのです。

気に入らない点をほじくり返して、その矢を会計事務所に向けて放つのです。儲からないのは、会計事務所の所為ではありません。当然なんですが、素直に相談できない。廃業するほど悪くもなく、後継者も会社に入っている。こういう時こそ味方を多くつくり、八方手を尽くして製造業の紹介を受けることが肝要なんですが、何十年も頭を高く商売してきた人はなかなか身を低くすることが苦手なんです。B社の社長とまったく同じです。潔く後継者に任せて引退するか、後方支援に回ることです。C社も手元不如意が続いているのが結局いけません。

まとめ●八つ当たりのC社

儲からないと、人は八つ当たりの心遣いになりやすい。

●儲からなくなった時の備え、対応、心遣いが経営者の資質といえる。

四、値切るだけのD社

売上は最大に、経費は最小にというのが経営上の鉄則ですが、これを大きく取り違える人があります。まず、売上については大きくするだけの指示というか、売上の数字だけ上げることを目的にする人が多いのです。「売上さえ上げれば儲かる」に直結するのです。売上が上がらなければ儲からないともいえます。

大企業が人員削減、リストラ効果で利益に結びつけるのを誤解しています。中小企業は人員削減するほどにも人は雇っていません。大幅に経費を削減できる余裕は、そもそもないのです。経営は最終の利益です。この利益にいたる過程を充分理解する必要があります。

売　上（最大に）
売上原価
期首棚卸高
当期仕入高
期末棚卸高
売上総利益
利益率
経　費（最小に）
利　益（高収益に）

売上を最大にするには当然仕入も最大になります。売れなければ在庫になります。売上を大きくするには販売経費もそれに応じて要ります。仕入に必要な資金の準備も大事です。売上が上がれば上がるほどに、その回収率が問題になります。売掛金の焦げつき、手形サイト、不渡手形に注意を要します。

一は資金力、二は利益率を上げる、三に回収率、四が棚卸の増加に注意する、五に販売経費の増加をさせない売上、この五つがうまく回転して初めて売上を最大にする効果が上がります。この会計の原理を理解できないで売上増を無闇に計っては、すべて逆効果が現われます。

一方、経費は最小に、の命題を間違って実行する人がいます。極単に従業員の給料をカットすればどうなるでしょうか。労働意欲を失って能率半減になりかねません。人によっては辞めてしまいます。

《単なる値切りは協力者を失う》

これと同じで何でも値切るだけ、理屈なく値切る人がいます。これは単に狡い人と受け取られて、協力者を逃がすことになります。

経費を最小にというのはムダをなくし、浪費はしない、売上効果（売上総利益の伸び以上の経費は使わない、資金繰りに必要な借入金利息を抑える）を上げることが大事なのですが、短絡的に値切ればいいというやり方はダメです。協力者を失います。

「売り手よし、買い手よし、世間よし」の三方よしが真に理解できての、「経費は最小に」を考えなければなりません。「貧すれば鈍する」といいますが、会計に健全性がなくなってくると狡賢くなって愚鈍に陥ります。

しかし、これが人間の弱さでしょうか。何かに逃げるやり方になってしまうものです。イノベーションとは技術だけではなく、総合力の質的効果です。この総合力を発揮してこそ企業は生まれ変われるのです。

まとめ●値切るだけのD社

売り手よし、買い手よし、世間よしの商いの定規にはずれ、自分さえよければの行動に走る。

●売上を最大に、経費は最小に

会計に適って考えないために強引な値切りとなり、協力者をなくすことになる。

五、借入れの麻薬に取りつかれたE社

これは一番怖いといえます。行き着くところは、必ず倒産です。明治以来の間接金融は富国殖産、戦後はバブル期までは土地神話があり、銀行も護送船団で潰れない神話がありました。

担保があれば貸し付け、企業を育てることに大いに力を発揮しました。ところがバブル崩壊から土地神話が崩れ、一部信用組合の崩壊に始まり、金融神話が崩れたのです。不動産業、建設業に代表される安易な借入れと銀行の安直な貸付けが災いし、不良債権の山を築いてしまったのです。これが平成不況の始まりで、長い低迷期に入ってしまったのです。

小泉政権となって竹中平蔵大臣の強腕振りで銀行の不良債権比率の低下目標の指示、金融界の再編が一気に進み、やっと金融界は信用組合、信用金庫、地方銀行、都市銀行、ビッグ三銀行と、かなり淘汰が進み、落ち着きを取り戻した感があります。

しかしビッグ三銀行以外は、もう一段の再編があるのでは、ともっぱらの話があります。バブル期がそうであったように、銀行はかつてのように企業を育てるための融資ではなく、

悪くいえば、ご都合主義の融資に戻っています。担保主義から無担保、無保証の融資が多くなり、貸しやすくなったのです。

貸して初めて商売になるのが銀行ですから、大企業がリストラ（再構築）に努め、有利子負債の削減を加速したために、銀行の貸付け比率は下がる一方になったのです。貸出しを増やし、不良債権の山にならない貸し方によって、貸出し比率を上げるように変わってきたのです。大企業の需要（借入れ）には何行かの協調融資、また一行が主導権を持って貸し出すシンジケート融資、いくら貸しても億単位にならない中小企業に活路を見出し、貸すことに積極的になったのです。

《借入れ癖は麻薬と同じ》

この銀行の都合による〝貸してくれるから借りる〟に手を染めると大変です。

(一) ギアリング比率（自己資本比率と正反対に五〇％を下まわる借入依存が望ましい）

(二) 債務償還年数（借入金を何年で返済できるかの指標で一〇年を超えれば危険信号です）

(三) インタレスト・ガバレッジ・レシオ（借り入れた利息の何倍を稼げるかの指標）をみて借り入れてほしいのです。

しかし、現実はまったく別の次元で借入れを重ねます。一には資金繰り、二は赤字補填、三は借入れ返済のための借入れ、どれ一つ取っても利益に結びつく借入れではありません。会計は悪化の一途を辿ることになり、起死回生はありません。会計の狂いが死を招くことは必定です。会計を甘くみてはいけないのです。

まとめ●借入れの麻薬に取りつかれたE社

借入れは最も怖い麻薬となりやすい。

借入れは返済計画があって借り入れる。

借入れは実力に非ず、貸し手の都合で左右されることが多い。

①　ギアリング比率

②　債務償還年数……一〇年を超えれば危険信号

③　インタレスト・ガバレッジ・レシオ……借り入れた利息の何倍を稼げるかの指標

この三つの指標をもとに借入れをすること。

●借入れの返済を借り入れでするようになる。

これが実に多く、結局は返済できなくなり倒産につながる。

第四章◉幸運だった戦後経済

今を知るために過去を知る。
過去を知らねば今を誤る。
そういう意味から簡単に戦後経済を振り返ってみます。

一、米ソ冷戦と日本経済

米ソ冷戦は、昭和二十年の日本敗戦の時に始まり出し、昭和二十五年の朝鮮動乱ではっきりとしたのです。日本という国自体が地政学的に恵まれた位置にあり、ソ連というアメリカの仮想敵国の防共列島としてアメリカは非常に重視したのです。ソ連の喉首に位置し、ソ連の艦隊が太平洋に出るには日本列島の横を通らねばならないのです。ソ連には邪魔な存在ですが、アメリカには大事な列島であり続けたのです。

一方、中南米のキューバにソ連がミサイル基地を置いたことから、世界初の核戦争かという緊張感が世界中に走りました。アメリカのケネディとソ連のフルシチョフで一触即発の危機という事件がありました。ソ連によるキューバの日本化ですね。幸いに戦争は回避されました。

こうした地政学的にも重要な日本ですから、戦後すぐ一ドル三六〇円で輸出が有利に行なえるよう、また沖縄だけは一ドル一二〇円で輸入による基地経済を円滑にすべく、固定レートでスタートしました。一九七一年末のスミソニアン合意まで、この固定レートが長く続けられたのです。

日本の戦後経済には大いに幸いしたのです。今のアメリカの表現でいえば、先の大戦で悪の枢軸にされた日本が、この極東にある地理的条件のおかげで経済発展させるという合意がなされたのです。

つまり、昭和三十九年にIMF総会が東京で開催された時に使用された世界の平均的地図（日本列島が右端（東端）にあり、ヨーロッパ、アフリカが中心にある地図）で極東日本の位置を示し、この地図がゆえに幸いしたのです。欧米からみれば、極東の小さな国は重要と

日本経済の循環

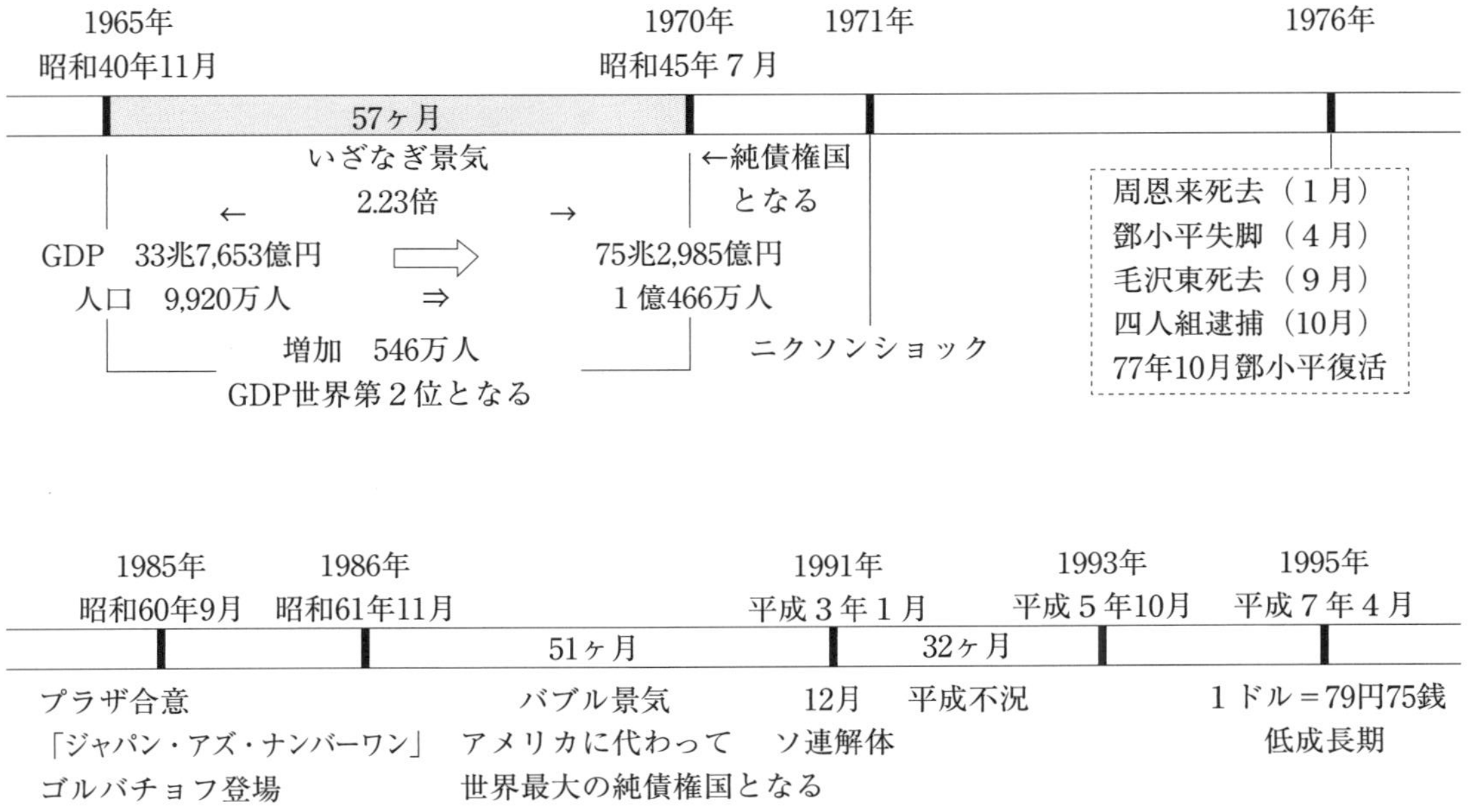

1965年
昭和40年11月
1970年
昭和45年７月
1971年
1976年
57ヶ月
いざなぎ景気
2.23倍
←純債権国
となる
GDP　33兆7,653億円
75兆2,985億円
人口　9,920万人
1億466万人
増加　546万人
GDP世界第２位となる
ニクソンショック
周恩来死去（１月）
鄧小平失脚（４月）
毛沢東死去（９月）
四人組逮捕（10月）
77年10月鄧小平復活
1985年
昭和60年9月
1986年
昭和61年11月
1991年
平成３年１月
1993年
平成５年10月
1995年
平成７年４月
51ヶ月
32ヶ月
プラザ合意
「ジャパン・アズ・ナンバーワン」
ゴルバチョフ登場
バブル景気
アメリカに代わって
世界最大の純債権国となる
12月
ソ連解体
平成不況
１ドル＝79円75銭
低成長期

2002年
平成14年２月

2006年
平成18年11月

58ヶ月

回復感なき景気
1.04倍

GDP　487兆円　⇒　506兆2,000億円
人口　1億2,748万人　⇒　1億2,777万人〔昭和45年より2,311万人増加〕
増加　29万人

1955年以降11回の景気拡大のなかで最大の長期だったが、
ＧＤＰの伸びは、今回10番目にすぎない

いざなぎ景気と今回の景気の比較

		いざなぎ景気	今回の景気
実質経済成長率		11.5%	2.4%
企業	設備投資伸び率	24.9%	6.7%
	輸出伸び率	18.3%	10.6%
個人	個人消費伸び率	9.6%	1.5%
	所得の伸び率	2.2倍	-1.4%

はほど遠い、どうでもよい存在と考えられたのです。

まとめ●今を知るために過去を知る。
過去を知らねば今を誤る。
そういう意味で簡単に戦後経済を振り返る。
●米ソ冷戦が日本経済に好結果をもたらし、ソ連崩壊が日本の第二の（経済的）敗戦をもたらした。
●日本は地政学的にソ連の喉首に位置し、アメリカの防共列島となる。
●日本が極東に位置する世界地図が幸いし、日本経済の発展を招いた。

二、小さな経済から大きな経済へ

日本は世界で第二のGDP大国になっていますが、少し振り返ってみますと、池田内閣で所得倍増が叫ばれた昭和三十六年のGDPは、二〇兆一七〇八億円（平成十八年GDP五〇六・二兆円の二五分の一）です。倍増を達成した昭和四十二年のGDPは、四六兆四四五四億円（一〇・九分の一）でした（一〇年計画を六年で倍増達成）。

また昨年末に「いざなぎ景気」超えが話題になりましたが、「いざなぎ景気」のスタートは、池田内閣所得倍増計画の真只中で、昭和四十年十一月（ちょうど一年前の十月に東京オリンピックが開催されました）、三三兆七六五三億円（現在の五〇六・二兆円の一五分の一）、終結の昭和四十五年七月は七五兆二九八五億円（現在の五〇六・二兆円の六・七分の一）だったのです。

あれっと思うくらいに小さな数字でしょう。人口は九九二〇万人から一億四六六万人へと五四六万人も増加しています。この間にGDP世界第二位になっています。日本で最初にして最大の、国を挙げての二つの大イベント（東京オリンピックと大阪万博）に挟まれた時期です。

ここから昨年十一月の実感なき景気拡大といわれた五八か月目を含む平成十八年のGDPは実に五〇六兆二〇〇〇億円にもなったのです。なんと「いざなぎ景気」のスタートの一五倍、終結時の六・七倍です。

今では少子高齢化が声高に叫ばれ、人口は増加より減少の時代に入り、街には大型店やデパートの増床、駅前再開発、大型ビルラッシュと続き、コンビニ店や外食産業が町に溢れています。一方でシャッター商店街の出現や廃業、倒産に泣く中小企業と好対照を見せる昨今です。大企業は利益の拡大を誇らしげに発表しますが、分かち合いの心を忘れてしまって働く人たちの個人所得は減少しています。

定率減税はなくなり、老年者控除や上乗せ部分の配偶者特別控除もなくなりました。その上、社会保障不安が蔓延する現在、老年者は貯蓄を減少させて医療費や消費にあて、庶民は所得のマイナスと増税に喘いでいます。

これ以上どうして消費の拡大を図り、経済の伸張を期待するのでしょうか。暫しの小休止で羽根を休め、心の洗濯、心の修理、心の再建に取り組まねば、このままいけば大変です。池田内閣の所得倍増や、いざなぎ景気の時代は日本全体に夢があり、明るい未来をみていました。ところが今は大きく社会が歪んできています。

まとめ●小さな経済から大きな経済へ

・昭和四十年十一月（一九六五年）

GDP三三兆七六五三億円　人口九九二〇万人

・昭和四十五年七月（一九七〇年）

ＧＤＰ七五兆二九八五億円　人口一億四六六万人
ＧＤＰ世界第二位となる。「いざなぎ景気五七か月」
・昭和四十六年（一九七一年）
ニクソンショック、純債権国となる。
・昭和六十年九月（一九八五年）
プラザ合意
円高誘導、内需拡大
「ジャパン・アズ・ナンバーワン」ベストセラーに
ゴルバチョフ登場
・昭和六十一年十一月（一九八六年）
バブル景気発生
・平成三年一月（一九九一年）
バブル崩壊（五一か月のバブル景気）
・平成三年十二月（一九九一年）
ソ連解体

平成不況（三二か月続く）
・平成七年四月（一九九五年）
一ドル＝七九円七五銭の最高値を記録。

三、ニクソンショックの影

もう少しこの表（七三ページ）の検証をしますと、日本の戦後経済にいくつかのターニングポイントがあります。

その一つ目が昭和四十六年、あのニクソンショックです。ドルと金との交換を停止し、金本位制からドルは単なる決済の紙幣になり下がったのです。自国通貨で持つかドルで持つか、各国は自由かつ責任を持って判断して下さいと宣言したのです。因みに一九七〇年当時のアメリカの金保有額は一一一億ドルで、対外短期債務額は四一八億ドルにもなっています。これではすべての債権国から金との交換を要求されたら直ちに破綻します。そこでニクソンが窮余の一策として打った手がドルと金との交換停止です。これが今日の日本経済にまで大きく影を落とすことになったのです。

ドルは依然として基軸通貨であることに変わりはありません。輸出立国である日本は、対米輸出で稼いでカネを円で持つかドルで持つかの判断を迫られたのです。円の支払いを求めますと、アメリカの輸入業者はドルを売って円を買い支払うことになります。結果は円高となり、日本の輸出採算が悪化します。ドルで保有すると輸出での恩恵は国内では現われず、デフレ方向にその効果が現われます。これが今の日本経済の現状です。

まとめ●ニクソンショックの影
　ドルと金の交換停止
　金本位制の終焉
●輸出立国日本は金の裏付けがないドルを持ち続けることとなり、輸出代金ドルは資本流入の形でアメリカに戻り、アメリカの好景気が続いている。

四、アメリカの魔法の財布

アメリカは輸入代金の支払いとして、いったん支払われたドルがアメリカへの証券投資や預金、国債購入等として資本流入して戻ることになります。その戻ったドルが国内購買力や通貨を増やし、さらに金融機関からの貸出しとなって、住宅ローンの増加につながっています。アメリカでは政策的低金利の三〇年ローンが多く、解約や借り換えにペナルティのないのがより借りやすくさせています。住宅バブルといわれて数年経ちますが、一向に崩壊の兆しはありません。日本や中国の対米輸出が好調である限りは、この図式は変わらないようです。

私がニューヨークで質問したアメリカの猛烈ビジネスマンは、アメリカでは通常七回くらい住まいを変えるといっていました。稼ぎによって「より環境のよい、より安全な住まい」に移るのです。「より安全な」という観念は日本では考えませんね。

クリントン時代に解消した双子の赤字も、今ではまた赤字に陥っています。しかし経済は好調を続けています。

それはこの「魔法の財布」といわれる海外に払ったドルが資本流入で形を変えて戻るシステムのためです。日本や中国が大きく、この財布のなかにドルを入れているのです。このシステムがあるためにアメリカは好景気、特に日本では輸出による恩恵が国内に反映されないのです。

まとめ●アメリカの魔法の財布
●輸入代金で払ったアメリカのドルは、資本流入として還流され、アメリカの財布に戻る仕組み。
●円で支払いを求めると円高を招き、日本の輸出産業の採算が取れない。
●日本は輸出による経常益の効果が国内に反映されず、逆にデフレを招く結果となる。

五、プラザ合意の悪夢

二つ目は一九八五年のプラザ合意です。円高ドル安誘導の合意です。アメリカのエズラ・ヴォーゲルという経済学者が著した「ジャパン・アズ・ナンバーワン」という本がベストセラーとなり、世界的注目を集めた年です。

この年に、ソ連にゴルバチョフが登場しています。国内経済は円高が進み、円を売ってドルを買い市中に円が溢れます。翌年の八六年からバブルが始まったのです。市中に溢れて行き場を失った円は、希少財産の土地に向かったのです。

土地というものが、ある意味で限られた財であるという時にのみ成り立つ仮説なのですが、今現在また東京の都心部や大阪の御堂筋界隈といった、特に限られた部分では同じ現象が起きています。それは金融機関の不良債権処理が一段落し、貸出しに積極的になったこと、一部大企業が利益拡大とキャッシュフローの増大で希少財産の土地購入に向かっているためです。それと、世界的金余り現象でファンド会社が日本買いを進めていることにもよります。

このプラザ合意の円高誘導、内需拡大ほどショッキングな急転回の経済は過去にはありません。私の手のひらくらいの土地が東京では二〇〇万円、大阪で一〇〇万円にもなり、売買され、税金がかかる。土地、株、債券が信じられないほど急ピッチで値上がりする。収益還元でなく投機でモノが動く、カネが踊る。それが一部信用組合の破綻に端を発し、山一証券や北海道拓殖銀行が倒産するという、金融機関は潰れない神話が崩れる。ここからは金融機関、不動産業、建設業と破綻、倒産の連鎖を引き起こし、一瞬にして日本経済は崩壊への道を辿ったのです。

バブル（bubble）、泡は一瞬にして弾けたのです。「会計を知らない経営」は、ある意味バブル経営なんです。いつ弾けてもおかしくありません。

まとめ●プラザ合意の悪夢
円高ドル安誘導と内需拡大の合意で一気にバブルが発生。
●土地、株、債券の異常な値上りを招く

六、ソ連崩壊とバブル崩壊

九一年十二月にソ連が解体し、米ソ冷戦は終わりを告げたのです。翌一月にバブルが崩壊します。米ソ冷戦の終結が防共列島である日本の地政学的意味を薄れさせたのです。逆にアメリカはジャパン・バッシングへと向かいました。日本の自動車をハンマーで叩き壊すニュースが象徴的でした。

プラザ合意による円高誘導のピークは一九九五年四月の一ドル七九円七五銭。これではとても日本の輸出産業は成り立ちません。これに耐える実力は未だできていないのです。本当はこれでも日本経済がやっていければ、今以上に国内は豊かさを享受できるのですが、ソ連解体、東西冷戦の終結はある意味、戦後日本経済の敗戦（バブル崩壊）ともいえる、大きな影響を日本に与えました。グローバリズムや世界戦略の経済の下、本当の強さが求められる、第二の戦後経済の始まりです。

三つ目のターニングポイントはこれからです。

① 量的拡大経済の限界と質的経済への転換
② 豊かさ享受型経済への転換
③ 人口減少と社会負担増大への対応
④ 物的豊かさから心の豊かさへの転換

これらの実現に向かって、実効ある商いの方途が求められることになります。

まとめ●ソ連解体とバブル崩壊

まったく異質のものだが間接的に関連がある。

平成二年十二月（ソ連解体）と平成三年一月（バブル崩壊）と時期を同じくして起きたのです。

●異常に高騰した土地代や人件費は、ソ連解体によって共産圏（中国・ベトナム等）

に工場を進出することが可能となり、沈静化へと向かった。

● 自由経済圏と共産圏の間には大きな垣根があったが、これが取れてビジネスの世界が大きく変化し、グローバル化が進んだ。

● ソ連解体、東西冷戦の終結は、日本の防共列島の意味合いも一気に薄れさせ、日本は第二の敗戦を味わうことにつながった。

七、中国の真実と実情

中国経済が世界の経済市場を席巻しかけています。そのテンポが勢いを増し、世界は中国抜きには動かなくなっています。過去に欧米列強や日本に長い間国土を占領され、辛酸を嘗めた暗い歴史の反動から急激な回復に力を注いでいます。

これは二度と再びこうした国に馬鹿にされない国になるという、強い決意の表われでしょう。鄧小平の一国二制度政策を期に遮二無二という表現がぴったりに走り出し、世界経済の表舞台に出ました。

その結果、極端な格差社会をつくり出し、度が過ぎた貧困と一日一億円を稼ぐ人まで現われる大変なアンバランスをもたらし、戸籍からの差別、役人の賄賂主義の腐敗、四億人の都会人と九億人の農村人の差別、税制度の未整備は依然として変わらず、上海のようなビルラッシュの大都会の出現の反面、砂漠化の進行、ダム建設と川の枯渇化、というように裏の部分と表の部分に大きな問題を抱えての経済発展であります。

現代中国のターニングポイントの第一は、何といっても一九七六年（昭和五十一年）です。中国を統一した共産党の偉大な指導者、周恩来が死に、毛沢東もこの世を去ったのです。そして中国全土に吹き荒れ、人民に恐れられた文化大革命の四人組が逮捕されたのです。この年の四月に失脚した鄧小平が早くも翌年の十月には復活しました。

鄧小平は来日にあたり、正直に遅れを認めることによって希望が生まれ、日本を初め発展

1976年
昭和51年

周恩来死去（1月）
鄧小平失脚（4月）
毛沢東死去（9月）
四人組逮捕（10月）
77年10月鄧小平復活

1977年10月
｜
鄧小平復活

1978年10月
｜
来日

1997年7月
｜
香港復帰、一国二制度

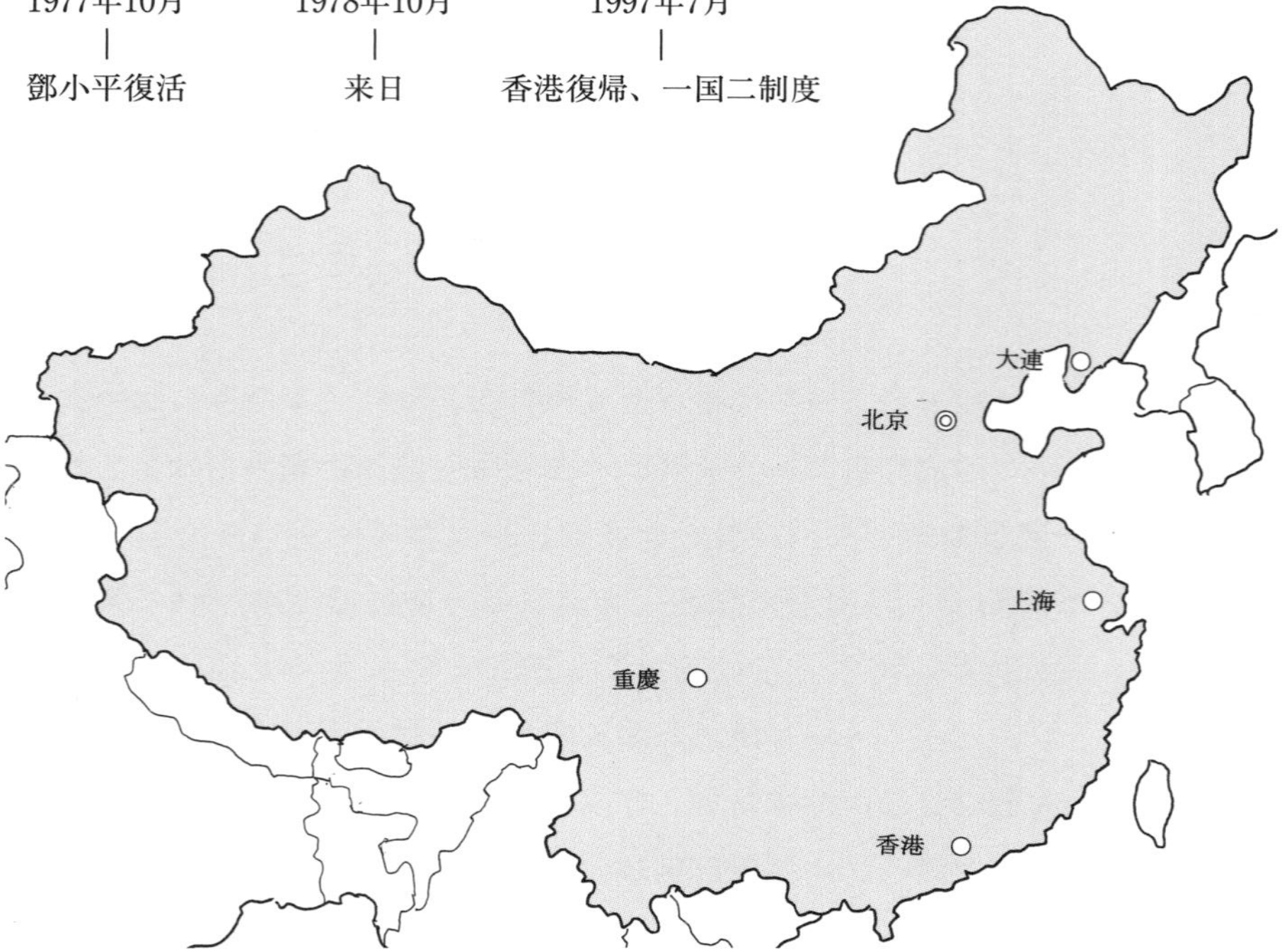

している、すべての国に教えてもらって学習することを表明したのです。

八五年プラザ合意の年に、アメリカの経済学者エズラ・ヴォーゲルの「ジャパン・アズ・ナンバーワン」がベストセラーになり、これを機に中国から大量の視察団が訪日するようになりました。日中貿易が急速に拡大したのもこの時からです。

八九年にあの天安門事件が起き、政治的に大きな躓きとなったのですが、九一年のソ連の解体があって、共産圏への先進国の経済進出が一気に進んだのでした。

こうした経過のなかで、現在の経済発展が進む中国は、石油消費量は日本を既に上回り、GDPも平価に直すと日本を追い越し世界第二位になっているといわれます。

こうした中国の隠された裏と表を上海総領事を務められた杉本信行氏の『大地の咆哮』（PHP研究所）より簡単にまとめてみました。

(1)　搾取される農民

戸籍登録条例によって天と地ほどの開きがあり、行政サービスである㈠生活最低保証、㈡失業保険、㈢養老保険、㈣一定程度の医療保険等は、「城鎮戸口」という都会人にはあるが、「農村戸口」という農民には何もないのです。都会人は四億人、農民は九億人もいるのです。

この農民の生活は極度に苦しく、たとえば、首都北京から僅か二百数キロの大同市の周辺農家（一家四人）の一年間の現金収入は日本円で二〇〇〇円程度です。ピンポン玉大のジャガイモを生産し、澱粉を絞った残りかすを固めて冬用の予備の食料にしています。主食のトウモロコシの発育が悪く、日本では家畜も食べないようなものです。

八〇年代に入り、改革開放政策が本格的に始まり、農村から都市への移動が緩和されました。その結果「青色戸籍」という城鎮戸籍への編入が認められましたが、その条件は厳しいものです。㈠各都市の新規開発地区に建つ一〇万元（約一五〇万円）以上の不動産を購入する。㈡同地区に二〇万米ドル（約二三四〇万円）、あるいは一〇〇万元以上の投資をする。㈢四年制大学を卒業する。このなかの一つの条件をクリアした人を城鎮戸籍に編入するというものです。

(2) 理不尽な制度外費用の徴収

農業税……米、麦、綿花などの平均作柄を課税標準に一五・五％課税（全国平均）
農業特産税……タバコを除く果物、お茶、水産物に一四・五％課税

耕地特産税……建物一㎡当たり一元から一〇元課税
契約税……家屋や畜舎などの賃貸額に課税
屠殺税……一頭につき二元から一〇元課税

この他に「五統三提又は三提五統」という費用も徴収されます。五統とは教育費、退役軍人慰労費、民兵訓練費、道路建設費、計画出産管理費のことで、三提とは公的積立金、公益金、行政管理費です。つまり、これらを合わせて農民一人当たり約一〇〇元、年間総収入の約六％を支払わされています。この他に「両工」と呼ばれる二種類の義務労働を課せられています。防波堤建設と道路や学校建設に駆り出されるのです。

(3)　義務教育でも大きな差別

義務教育は九年で、全体の八割の小学校、六割強の中学校は農村地域にあり、この費用分担は中央政府二％、省政府一一％、県市九％で残り七八％を五統三提で負担させられているのです。

この結果、農民は出稼ぎのために都市へ出て、海外からの進出企業で働くチャンスを得た人はとてもラッキーな人たちです。これ以外の人は単純労働や三K労働に就くのです。この内でも最も危険な建設現場に駆り出された者は、給与未払いのまま放置されることが非常に多いのです。

(4) 少数が全体を統治

中国は一口に一三億人といわれますが、共産党員は僅か五～六％しかいないのです。これが全体を統治しているわけで、中央政府の目が行き届かず、役人の贈収賄の腐敗ぶりは醜いものです。今では江沢民時代の「三つの代表理論」によって資産階級の人たちも党員になる資格が認められ、約七〇〇〇万人くらいの党員になっています。しかし、これだけで残りの約一二億三〇〇〇万人の人民を押さえつけているのだから大変です。

(5) 富の再配分が機能しない三重格差

中国では農民とは、農業に従事する職業的なカテゴリーというよりは「身分」を表わしています。また、中国の格差社会は豊かになった沿岸部（東部）と内陸部（中西部）の格差、都市のなかでの貧富の格差という三重の格差を抱えているのです。

二つ目の地域の格差は、東部地域一に対して中部地域は二分の一、西部地域は三分の一となっています。

三つ目の都市における格差は税の徴収体制の不備もあり、富豪が誕生する改革開放制度の恩恵を受けた人たちはほとんど個人所得税を納めていないのです。公務員も給与所得以外は何も把握されていない税の不備があります。

都市のなかだけの格差も、最高位二〇％の集団の総収入と、最下位二〇％の集団の総収入の格差は約一二倍に拡大しています。金融資産の所有も最高位二〇％の集団が六割を占め、最下位二〇％の集団は二％にも満たず、その格差は三〇〜四〇倍にもなっています。

この格差問題の要因は、八〇年代初頭、鄧小平が認めた開放政策、先富論にあります。

(6)　金を貸すバカ、返すバカ

中国企業の経理担当者に対する評価基準とは、「いかに払うべきものを払わないで済ましたか」などと巷間いわれるように、中国へ進出する日本企業は売る努力二割で回収努力八割といわれるのは、この問題がためです。

また、信じられないことですが、銀行口座の名義、動産、不動産の所有権者の名義の登録制度の未整備、個人の財産の特定ができていないのです。固定資産税の導入が困難、贈与税や相続税も未整備と格差が伸張拡大する要因がいっぱいあります。

従って、こうなると何でもありだと考える人が当然出てくるわけで、世上「借りた金は返さないのが原則なのに、返すとは馬鹿げている」という風潮が少なからずあり、「金を貸すバカ、返すバカ」という言葉まで流布されるようになっています。こんな国も珍しいです。

このように中国社会の現状をみると、世界は中国経済を抜きに考えられないようにもなっていますが、個々の企業が中国へ進出したり取引をしたりする時は、他の国もそうですが、その国の商慣習、ルール、市場調査は慎重にやらねばなりません。

特に中小企業の場合は、日本国内での恵まれた環境に鑑み、安易な進出はより慎重に検討の上、行なう必要があります。

まとめ●中国の真実と実情

世界経済は中国除きでは考えられないくらいに中国の存在を高めている。

●中国は年間一〇%を超える経済成長を続けているが、大きな二重構造の問題を抱えている。

●搾取される農民

戸籍による差別
1　域鎮戸口　四億人　行政サービス有り
2　農村戸口　九億人　行政サービス無し
●理不尽な制度外費用の徴収
●義務教育でも大きな差別
●富の再分配が機能しない
●沿岸部と内陸部の格差
●税の徴収体制の不備
●金を貸すバカ返すバカ
どこの国にもないことが巷間いわれている
●売り努力二割、回収努力八割という市場の怖さ

第五章◉日本経済は美しいか

マクロの面ではＧＤＰが五〇六兆円と世界第二位となり、世界第一の純債権国となっていますが、といわれても如何にも空しいですね。そこはやはり自分、個々人の満足度というミクロの面が満たされなければ、マクロは通じません。マクロの全体を引き上げミクロも引き上げる。これが経済であり政治です。ところが、そのミクロに喜びを感じないのはどうしてでしょうか。回復感なき、実感なき「いざなぎ超え」はどうして起きるのでしょう。

かつての日本経済は終身雇用に完全雇用（働きたい人はそのほとんどが職についていた）でした。バブルの崩壊から金融機関が大打撃を受け、大企業の倒産が続き、いわんや中小企業の倒産、破産が大量に出て、不良債権の山を築いたのです。

小泉政権になり、やっと沈静化し、蟻地獄から大企業は脱出の様相となりました。新聞紙上では円安がもたらす好景気、日経平均六年九か月ぶり高値、企業収益拡大、市場に確信とあります。すべてマクロですね。

リクルートという言葉と、それを煽る企業が現われ転職が美化されました。能力者ほど会社を転々とし、終身雇用という日本型経済の基本が大きく崩れ出しました。

その結果、共同体意識の崩れにつながったのです。やっと企業収益が拡大したといっても、M&Aでハゲタカにいつ狙われるか知れない。新入社員がやっと育ってきたが、いつまで会社に留まるかの保証もない。こうなれば思い切った昇給をしても「黙ってだんごの食らい抜け」をされてはと、昇給を抑えるという分配構造の変化にもつながっています。「企業は人なり」の姿が大きく変質してきているのです。

ニューミュージックというジャンルの歌が流行りだしたのと並行して転職が増え、演歌の世界でいう義理人情が地に落ちてしまった。私のようなちっぽけな会計事務所（二〇名のスタッフ）でも、まったくの初心者を採用し、手を取り足を取り教え込んで、やっと一人前かなという時に何やかやと理由をつけて辞める者が後を絶ちません。資格を得た者は直ぐにハゲタカに変身し、事務所の顧問先を掠め取る。義理も人情もあったものではありません。厚遇した者ほど同じ所得に早くなりたい衝動にかられます。みんながやるから俺もやる、悪い社会現象になっています。

大企業とて保身のために利益至上主義となり、反面、かつての持ち合い株がなくなり、外国ファンド株主の増加が目立つ株主構成は、そのほとんどが「もの言う株主へと変化」し、会社経営に口を出すことが多くなっています。勢い経営者はこの「もの言う株主」を意識するあまり、何か冷静さを失ってしまいました。

また東京や大阪、そして名古屋の核となる地域だけ超高層のビルが建ち、人々を引き付けて周辺の客をかっさらう。都会の魔力を体感した若者は、ますますおカネを追い求めないと都会にはいられません。よほどのことがなければ田舎（郷里）には帰らないのです。田舎は高齢者しかいないし、その高齢者が亡くなれば空家の数がどんどん増えてきます。こんなことで、マクロの数字だけが踊る日本経済は本当に美しいのだろうかと思ってしまいます。

まとめ●日本経済は美しいか

●世界第二の経済大国

世界第一の純債権国

世界第三のＯＤＡ協力国

五〇六兆円のＧＤＰ

いざなぎ超えの経済拡大のロングラン
●マクロの経済がミクロに反映されないもどかしさ
●ミクロの個々人や中小企業が潤ってこそ美しい経済といえる。

一、バブル後遺症抜け切らぬ経済

バブル崩壊から一六年にもなりますが、経済は未だ完全にその後遺症から抜け切れてはいないのです。一部大企業を除き、大半の法人が赤字申告であるし、個人所得は僅かですが減少している現状です。

マクロ経済の発表と個々の中身からくる実体とはかなりの開きがあり、「いざなぎ景気」超えを記録した昨年十一月は、回復感なき景気といわれました。それは一九五五年以降一一回の景気拡大のなかで最大の長期だったのですが、GDPの伸びは、今回は一〇番目に過ぎないのです。消費が伸びないのも当然であって、貯蓄を減らして何とか医療や生活に当てている一面もみられます。

大きく分けて、三つの点でバブル後遺症が残っています。

㈠　歴史的に低い金利が続く

日銀が政府の期待を裏切ってまで三月に〇・二五％の金利を上げても、まだ〇・五％という低い金利で、長期金利も一％台となっています。このような国は他のどの国にもみられず、緩みっぱなしの金融に支えられて、各企業は何とか凌いでいる現状が続きます。

この金利が過去のような金利状態に戻れば、たちまち倒産の憂き目をみる企業が続出する内容です。しかも一五〇〇兆円の国民資産があっても、預貯金の利息がゼロに近いほどに何年も押さえられ、預貯金から生み出されるべき所得が、まず銀行の救済に、次に企業が恩恵を受けたのです。だから消費をしようにも個々人は所得が入らず、消費が伸びないのです。

㈡　財政は、相変わらず年に三〇兆円近い国債発行状態が続く

裏返せば税収がそれだけ少ないのです。平成十七年の企業動向をみても、利益法人二九・四％、欠損法人が実に七〇・六％です（表4）。

売上高、経常利益の対前年度増加率はともに平成十七年になって下がり、企業の足腰はまだ盤石とはいえない状態です（図1～2）。

また、表5で所得別の人員をみても、本当に低い所得の層が多いことが、ひと目で理解できます。

（表４）平成17年度の企業動向

母集団法人数	資本金	自己資本比率	欠損法人	利益法人
		%	%	%
5,616	10億円以上	39.1		
27,645	１億円以上10億円未満	26.0		
1,144,365	1,000万円以上１億円未満	22.6		
1,541,151	1,000万円未満	10.1		
2,718,777			70.6	29.4

（図１）売上高

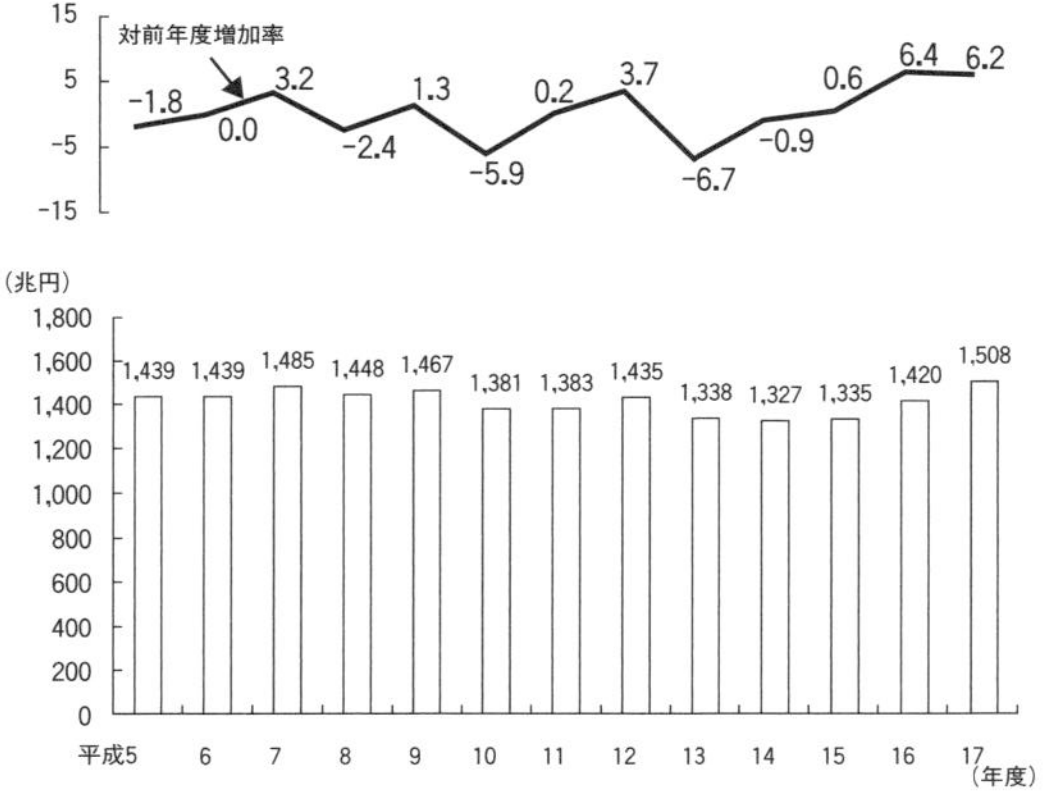

（図２）経常利益

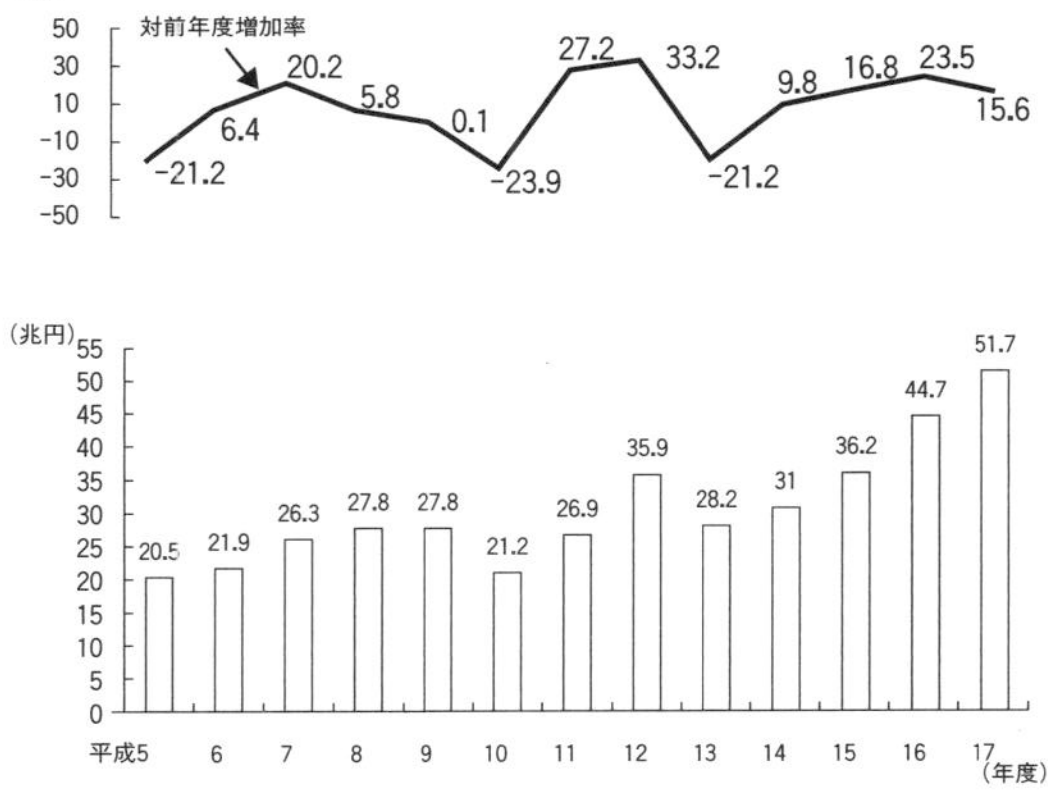

（出典：財務省資料）

（表５）申告所得金額階級別表　（単位：人）

区　分	合計所得			
	営業等所得者	農業所得者	その他所得者	計
70万円以下	86,076	4,690	176,233	266,999
100　〃	135,806	9,154	271,528	416,488
150　〃	255,816	18,506	716,208	990,530
200　〃	254,307	17,340	893,479	1,165,126
250　〃	233,077	15,737	816,322	1,065,136
300　〃	193,447	14,110	512,902	720,459
400　〃	261,631	22,122	654,073	937,826
500　〃	143,212	14,225	438,925	596,362
600　〃	76,649	8,418	330,798	415,865
700　〃	43,562	5,144	266,901	315,607
800　〃	26,804	3,160	209,327	239,291
1,000　〃	29,857	3,038	283,557	316,452
1,200　〃	16,586	1,344	181,670	199,600
1,500　〃	16,468	712	176,475	193,655
2,000　〃	17,714	375	159,588	177,677
3,000　〃	16,477	114	122,148	138,739
5,000　〃	11,764	46	72,912	84,722
5,000万円超	7,181	16	46,415	53,612
合　計	1,826,434	138,251	6,329,461	内　6,712 8,294,146

調査対象等：平成17年分の申告所得税の納税者について、平成18年３月31日現在の合計所得により階級区分して、その分布を示している。

（注）「合計所得」の合計欄の内書は、「変動所得及び臨時所得の平均課税」の適用を受けた者。

（出典：国税庁統計情報）

このような状態で税収が増える道理がありません。新たな税などなおさらで、これ以上の負担を強いることは無理なのです。

単純な国際比較で判断しての増税は、国民を疲弊させるだけです。そもそも国も地方自治体も税収の上に胡座をかいて、無駄使いと不正腐敗を重ねて今日の赤字国債、赤字財政をもたらしたのです。そのつけを国民に背負わせるというのでは理屈が通りません。

日本国民ほど真面目で従順な国民はいないと、私は思っています。増税で解決する方法は、今の経済をさらに悪くします。

(三) 為替の問題

円安によって輸出産業が業績を上げていますが、この円安がそんなに長く続くとは思えません。今の円安はプラザ合意の年の一九八五年の二、三月頃の状態で、実際は一ドル二四〇円くらいになっています。米国の物価はこの間二割程度上がっているので、一ドル一二〇円の二割増の一ドル一四四円です。

ユーロ(EU)、ウォン(韓国)、バーツ(タイ)が円に対して上がり、全部勘案すると円の名目実効相場は一ドル二四〇円くらいとなり、過去二〇年で一番安い状態になっています。

主因は内外金利差です。欧米では過去二年間、政策金利が引き上げられてきましたが、我が国ではデフレ脱却が後ずれしていることもあって金利は〇・五%にとどまっています。既に米民主党の上院議員が、日本が為替操作を通じて円相場を不当に安く抑えていると断定し、日本の外貨準備を取り崩して円安を是正するよう求める法案を三月二十八日に提出しました。このようなことが、米国の景気が低迷することとなった時点で、二度目のプラザ合意（円高、ドル安容認）を迫られることは歴然としています。

従って、今後は企業経営に求められるのは、円安は奇貨として体質強化と付加価値創造に努め、来るべき円高に備えることが求められます。こうなると中小企業への逆風はますます厳しくなります。金利安、円安の内に中小企業こそ体質改善ができていなければ窮地に落ち込むことは火を見るより明らかです。

まとめ●バブル後遺症が抜け切らぬ経済

① 歴史的に低い金利が続く。公定歩合〇・五%、長期金利も一%台、世界の水準と大きな開きが続く。

② 財政のマイナス状態が続く。

毎年三〇兆円近い税収不足？　なのか、無駄使いのツケが続く。

③　為替問題

一九八五年当時の円安

名目実効相場は一ドル二四〇円くらい（ドル・ユーロ・ウォン・バーツ等勘案）。

どこまで続くかこの円安。

円高への足音が近づき、第二のプラザ合意は来るのか？

二、コンビニ業界の実態

コンビニは、現在では日本企業のお家芸のようなビジネスに発展をしていますが、もとはアメリカ・テキサス州ダラスに本社を置くサウスランド社が既に全米に四〇〇〇店も出店していた小型小売店舗です。このサウスランド社とヨーカ堂が一九七三年にライセンス契約をし、日本に持ち込んだのです。

翌七四年に日本での一号店を出店してから、九一年には逆に本場の米セブンイレブンを傘下に収めるまでに発展したのです。二〇〇六年末には米国、台湾など十六カ国に二万一〇〇店を出店し、コンビニ業界をリードしています。

このセブンイレブンの他にローソン、ファミリーマート、デイリーヤマザキ、サークルK、ミニストップ等、日本列島コンビニのない町は存在しないぐらいの出店競争に今も明け暮れています。

一般消費者は便利であればどこで買うのも同じで、さして拘わりがあるわけはありません。ただ、コンビニ出店の裏側には悲哀を嘗めている者も少なくないのです。たとえば、酒屋、米屋、本屋、文房具店と、次から次に町から消えています。これらはコンビニに押され今までのようには売れず、廃業に追い込まれた者もあれば、宅配に収入を求める者もいます。

私は税理士ゆえに、この人たちの申告を依頼されているので、その中身が無残にも落ちていく様子を数字で摑んでいるのです。これが資本主義、自由主義経済といわれればそれまでです。しかし、それであれば、このコンビニに従事する店主がしっかり儲けて喜ばれていれば、まだ救われるのですが、現実はまったく違うのです。

そこには大手企業の搾取の実態が浮き彫りに表われています。大手企業による各都市の中心部での大型ビルや大型店が続出です。なるほど統計では設備投資や消費の数値には上がりますが、それは余りにも片寄った大手中心の数値に過ぎません。

東京は六本木ヒルズ、表参道ヒルズ、自衛隊跡地のミッドタウンがその代表、大阪では大阪駅北側のヨドバシカメラ、なんばのビックカメラ、マルイ、ヤマダデンキの進出、阪急、阪神、高島屋の各デパートの建替え等と続くと、中小の商店はみな吹き飛んでしまっています。

こうした大手企業が町を席巻し、シャッター通りが続出する昨今を、政府、日銀は何も把握していないのでしょうか。

そこで、ここではコンビニの最前線で働く人や店の経営実態をご披露し、いかに大手が搾取をしているかの一端を示し、かつての日本的社会構造の分かち合いの心とシステムへの回帰を願うものです。

このようなコンビニは、外からみれば客がどんどん来てくれるし、実にいい商売にみえているることでしょう。大きな通りに面し、駐車場のある店も多くなっています。同じコンビニでも、自前の店と借店舗とでは当然、最後の純利益は違ってきます。

東京駅前丸の内にあるマルビルのなかにもコンビニがあります。大変な売上でしょうが、賃料が高いのです。これと同じように、たとえば日赤病院のなかというように、大きな病院

コンビニA店　自平成18年 1月 1日
至平成18年12月31日（単位：千円）

期首棚卸	3,400	売　上	200,000
仕入	131,100		
期末棚卸	3,200		
処分品	6,000		
売上原価	137,300		
売上総利益	62,700		
人件費	16,900		
一般管理費	7,700		
専従者給料	1,300		
ロイヤルティー	34,600		
計	60,500		
差引利益（店主）	2,200		

粗利益率		32.22%
処分品率	（対売上）	3.00%
人件費率	（対売上）	4.50%
	（対粗利）	14.30%
ロイヤルティー	（対粗利）	55.16%
純利益率	（対粗利）	3.50%

粗利益の55％（34,600千円）ものロイヤルティーを吸い上げて、最前線で1年中休みなく働く店主は専従者の長男と合わせて年に3,500千円とはいかにも不均衡です。

コンビニＢ店	自平成18年 1月 1日 至平成18年12月31日（単位：千円）		
期首棚卸	4,600	売　　上	203,600
仕入	140,500		
期末棚卸	3,900		
処分品	3,600		
売上原価	144,800		
売上総利益	58,800		
人件費	11,800		
一般管理費	6,700		
専従者給料	1,300		
ロイヤルティー	33,500		
計	53,300		
差引利益（店主）	5,500		

粗利益率		29.25%
処分品率	（対売上）	1.80%
人件費率	（対売上）	6.40%
	（対粗利）	22.20%
ロイヤルティー	（対粗利）	56.87%
純利益率	（対粗利）	9.35%

粗利益の56%（33,500千円）ものロイヤルティーを吸い上げて最前線で１年中休みなく働く女性店主と専従者の長男と合わせて年に6,800千円で対粗利では10%にもならない手取りで大企業の厳しいやり口が見えます。

コンビニC店　自平成18年 1月 1日
至平成18年12月31日（単位：千円）

期首棚卸	3,800	売　　上	184,700
仕入	130,500		
期末棚卸	3,700		
処分品	3,700		
売上原価	134,300		
売上総利益	50,400		
人件費	13,000		
一般管理費	9,800		
専従者給料	3,400		
ロイヤルティー	22,800		
計	49,000		
差引利益（店主）	1,400		

粗利益率		27.24%
処分品率	（対売上）	2.00%
人件費率	（対売上）	7.00%
	（対粗利）	26.00%
ロイヤルティー	（対粗利）	45.25%
純利益率	（対粗利）	2.70%

年間184,700千円も売り上げながら、粗利益の45％ものロイヤルティーを吸い上げられ、店主夫婦で4,800千円では余りにも効率の悪い商売です。

のなかまでコンビニは進出しています。しかし店主は大変なだけなんです。

それにしても毎日毎日二四時間、年中無休で店を管理し、交替で店頭で販売するのです。いつが夜やら昼やら分からない日を送り、盆も正月もなく、ゆっくり温泉旅行など夢のまた夢と、自由を奪われての生活となります。その上毎日欠かさず注意を払って賞味期限や消費期限切れの商品を入れ替えるのです。これを間違って売れば大変なことになります。地域によってはそれを狙って購入し、難癖をつけにくる客もあるのです。だからこうした期限切れの商品の入れ替えには殊の外、神経を使うのです。

こうした年中無休の働きの成果がなるほどと思えるくらいに儲かれば、まだ報われるのですが、結果はあっと驚くほどに少ないのです。答えは、それは悲惨なものです。

こんな中身は統計には絶対に表われないのです。日本のGDPの六割の消費は余りにも片寄ったものになってきています。世界第二の経済大国といっても、国民の大多数が笑いと喜びの日々であってこその経済大国です。どこか違っていませんか。

まとめ●コンビニ業界の実態

・世界に四〜五万店舗を出店するコンビニ

・フランチャイズの経営者は二四時間三六五日、店を管理し働くが、何とも低い所得に喘いでいる。

・ロイヤルティー（Royalty）という名の搾取。

Royaltyとは王の付与した特権のことで（鉱山使用料から発した用語）、この場合はコンビニ本社がフランチャイズ店に与えたノウハウ使用料がロイヤルティーである。

●売上総利益の約五五％のロイヤルティーを吸い上げ、その他の経費はすべて経営者持ちで、経営者の手取りはその働きに比例せず、サラリーマンよりかなり低い。

三、質的拡大はサプライ・サイドから

経済は着実に回復しているというのが政府や日銀の発表ですが、庶民感覚としては「実感なき拡大」というのが実態でしょう。

その原因はいくつも考えられますが、まず、トヨタのように二兆円もの利益を出している企業でもベアには慎重で、月に一〇〇〇円程度に留めています。一時金は利益によって払え

ても恒久的負担となるベアにはどの企業もより慎重になっています。バブル後遺症から完全に抜けていない企業が、リストラや資産処分によって、やっと利益に結びつけている現状です。

しかも円安による輸出企業が経済を引っ張っていますが、円安がどこまで続くか不透明であることと、消費者の所得は一・四％のマイナス（実感なき景気拡大期）を示し、老後や年金に不安を募らせてしまっている昨今、容易に消費が伸びるとは考えにくいからです。鉄鋼・造船や自動車産業中心の経済上昇は、戦後経済の重厚長大型に逆戻りです。裏返せば他の産業に元気がなく、花形産業も誕生していないのです。

全体像をみれば、非製造業が全体の八〇％も占め、国際競争に晒されることもなく、これまで微温湯に浸っている分野が多いのです。公的セクターや、農業、金融、流通、医療、教育等、たくさんあります。

グローバリズムの流れのなかで、今のままでは到底持ち堪えることはできなくなります。大きな体質改善やアウトソーシング活用が必然的に起きてきそうです。

こうした流れのなかで、不動産分野は革新的に改革された部分があり、それによって大型プロジェクトや不動産処分が随分と進みました。それは不動産の証券化です。これによって大きな不動産でも小口化して販売が可能になり、今では東京のミッドタウンのような超大型プランも動きやすくなっています。

また、今は情報通信の時代になっていますが、テレビ電波はＴＢＳ、日本テレビ、テレビ朝日、フジテレビ、テレビ東京の五社が権利を握り、テレビ広告を支配しています。この五社から地方局に放映権を販売する形式で、いわば独占状態にあるのです。これが高い出演者のギャラを生み、高い広告料となって、広告提供会社の商品に転嫁されることとなり、消費者は高い広告料を負担した商品を買わされています。つまらない番組のギャラまで払わされていると思うと、本当に腹立たしい限りです。

また、小泉政権の一大目標であった郵政民営化は、いよいよこの十月より動き出します。三二万人が民間人になり、三二〇兆円の郵便貯金が活用されることになります。東京駅や大阪駅前にある中央郵便局の不動産が活用されることにもなります。鉄道によって郵便物を運んでいた時代の名残で、都道府県庁所在地のＪＲ駅前に古い建物でせいぜい三～四階建ての中央郵便局があります。これが生まれ変わり高層ビルになります。一層の都市化に拍車がかかります。中小企業も、うまくこうした流れに乗り込む勇気が必要です。取り残されるだけでは生き残れません。

医療についてては、あちこちの病院のお世話になりますが、どの病院も人で溢れています。一番改革の遅れている分野かも知れません。大きな病院ほど赤字なのです。人で溢れていれば、普通の商売であれば儲かるはずです。それが病院となれば、一様に赤字というのではどこか非効率、システム化されていないのではないかと思います。人命に関わることで大変な仕事です。肝心の先生が少ないのに事務系が多い、患者の方は年々医療費が上がって苦しいと感じ、年に三〇兆円を超える医療費となって国の予算を圧迫し、大変な時代なのに、病院が赤字というので厚生労働省は医療に厳しく、保険の点数を下げていきます。ますます医療が雑になるのでは、と心配をする人が多いのです。早急なる大改革が必要な分野です。

この上にグローバリゼーションの波が、どの分野にも押し寄せる時代となれば、よほど各企業がしっかりした基盤を築いていなければ呑み込まれてしまいます。

イノベーションといっても、技術革新は全社的総合力がなければなし得ません。企業体が小さくなればなるほど、なおさら総合的な能力アップ、技術の向上、財務体質の改善がなければ生き残りは、相当むずかしい時代に入っています。

考えてみれば、こういう時代こそ中小企業が新しく参入するチャンスが必ずあるものです。大手企業等のいやがる分野、アウトソーシングでリストラしたい分野、便益のある活用先になれる分野等を見つけることです。

まとめ●質的拡大はサプライ・サイド（Supply Side）供給サイドの質的改革が急務である。

●非製造業が八〇％の経済構造

そのなかの国際競争に晒されていない分野

① 公的セクター

② 農業

③ 金融

④ 流通

⑤ 医療

⑥ 教育

この分野の改革が進めば、かなりの経済的底上げとなり、中小企業が参入できる機会が多くなると予想される。

●中小企業に求められるもの

総合的な能力アップ

技術の向上
財務体質の改善

四、中小企業の生きる道

今も変わらず続いているのが中小企業の多産多死です。消えては生まれ、潰れては生まれているのです。東京商工リサーチの調べでは、平成十八年の倒産件数は一万三二四五件で、前年より二四七件増となっています。五年ぶりに前年比増を記録したのです。この内中小企業倒産（中小企業基本法に基づく）は、前年比二％増の一万三二〇一件で、実に月次倒産に占める構成比は九九・六％となっています。

これをみて明らかなように、東証一部二部の上場企業の倒産はほとんど発生していなくて、大部分が中小企業ということは、「実感なき景気拡大」であり、いいのは一部大手企業のみでＧＤＰを引っ張っていることが分かります。

ＧＤＰの六割を占める個人消費が伸びないのは、大多数の中小企業がやっと食いつないでいる現状が続き、個人所得もマイナスを記録する悪い状態から未だ脱してはいないのです。

このように中小企業は毎年倒産を繰り返してはまた生まれています。

倒産したからといって直ぐに勤め先があるわけもなし、仕事のない生活を強いられます。高齢者は年金暮らしで、老後に備えて貯蓄してきたものを取り崩しての生活となっています。これまでは貯蓄をそのまま残して死を迎える人が多かったのですが、現実は高齢者の貯蓄率は下がっているのです。なかには「命余ってゼニ足らず」になると嘆く人たちもいて、喜べない高齢社会の一面も浮き出されてきています。

中小企業の経営者は退職金の備えも少なく、唯一、小規模企業共済会の退職積立てを進めてきましたが、経営が苦しくなって解約して掛金を使ってしまう人や、解約すると不利な条件でしか退職積立てを受け取れないために、毎月の掛け金を月額一〇〇〇円に減額する人も多いのです。

厚生年金の加入率も低く、国民年金の人が多いため、もらう年金も非常に少ないのです。だから何か仕事をしなければ、という人が新たに企業を興すのです。

これが多産多死の現実で、ベンチャーや再チャレンジの明るい前向きなものは少ないですね。中小企業ほど企業体力が脆弱で、大半はギリギリのところで経営している現状が多いのは、一つには儲からないから、少しの利益からの税金を極度にいやがり、結果として内部留保が少ないために、ちょっとした売上の減少が続けば、経営状態はピンチに陥るのです。しかも中小企業の多くは下請が多いために、待ちの経営が多く、親企業の景気や対応ぶりに左右されやすいのです。

こうしたこれまでのスタイルから脱皮し、足腰の強い経営体質に改善する必要があります。その対応策として【十の凡事徹底】を示します。

一．他に敗けない技術、商品、ノウハウを持つことに全力投球する。

二．企業体力をつけるためにムダを徹底的になくす。自らに厳しく人には優しくの姿勢で、まず車、ゴルフといった経営者の好きなものを止める意識改革を図る。これが次第に社内に浸透すると効果が表われる。

三．節約分を退職積立（高齢時のリタイア）の備えに回す。憂いを最小にして経営に全力投球できる環境におくことが大事である。

四．内部留保に努める。そのため、いやな税金と思っても払うことが内部留保を大きくし、信用を高めることになる。

五．税理士等専門家の指導を受ける。経費の節約を誤解して、アドバイスを受ける専門家の費用を真っ先に値切ったり、解約したりするのは、企業再生を遅らせる。

六．リストラを続ける大手企業のアウトソーシングの受け皿になる。この受け皿になる体制がなければチャンスを逃す。技術や迅速な対応、何より信用が大事である。

七．「程」経営（身の程、分相応の経営）に近づけるために、借入金を最優先に返済する。不要資産の売却や自己資金の投入によって身軽になって、次へのステップにする。

八．いざという時の借入れがスムーズになる状態を早くつくる。既存の借入れを極力少なくし、節約に努め、身の丈に合った「程」経営に戻し、黒字申告を継続していれば、必要な時は必ず借入れは可能になる。

九．黒字申告を継続する。「赤字決算には税理士印を押さない」という信念で指導を続け、法人関与先の黒字率は現在九〇％を超えている。突発的事由の発生による赤字や経営者の多額な退職金の支払い等は止むを得ない。会社は黒字を出さなければいけないという意識改革を押し進めている。この姿勢が中小企業を救うことになるというのが私の信念である。

十．「バランス・シート」を常に意識した経営をする。

バランス・シート（貸借対照表）

借方	貸方	
流動資産	流動負債	他人資本
	固定負債	
固定資産	純資産の部 1．株主資本 資本金 資本準備金 利益準備金他	

流動資産＞流動負債＋固定負債

固定資産＜株主資本

流動負債＋固定負債＜株主資本

まとめ●中小企業の生きる道

平成十七年六月に成立した会社法で、これまでの資本の部が「純資産の部」に変わった。表が示すように純資産の部が負債（他人資本）より多く、固定資産より多くあって初めてバランスの取れた貸借対照表となる。この内容を堅持し、より大きな純資産の部に育てることが企業を大きく育てることにつながる。

［十の凡事徹底］を実行すること

① 他に負けない技術・商品・ノウハウを持つ。

② 企業体力をつける。

③ 経費の節約分を役員の退職積立てにする。
経営に全力投球の体制をつくる。

④ 内部留保に努める。

⑤ 専門家の指導を受ける。

⑥ 大企業のアウトソーシングを拾う。

⑦ 「程」経営に近づける。

⑧ 借入金をまず返済。
次の発展的借入れに備える。

⑨ 黒字申告を継続する。

⑩ バランス・シートを意識した経営。

第三部

サムシング・グレート

サムシング・グレートという言葉を聞き慣れない人が多いと思います。これは筑波大学村上和雄名誉教授が最初に使われました。日本人で最もノーベル賞に近い科学者の一人といわれる氏が、最先端の遺伝子工学の研究から、「感性と遺伝子はつながっている」ことを証明。私もまったく門外漢の科学の世界ですので、先生の著書をそのまま引用し、その言葉の説明とします。

その著書『サムシング・グレートは語る』（致知出版社）のなかで

「・・・遺伝子は研究すればするほど不思議です。本当にミクロの中に万巻の書物が書き込まれているのですから。私たちの体をつくっている設計図のことをゲノムといいますが、私たちは父親と母親からそれぞれ1ゲノムずつもらうんです。このゲノムが1個1個の細胞の核の中にある染色体にペアとしてある。そして、人間のゲノムには大体30億の塩基（科学の文字）が書かれています。これがどれくらい小さいところに入っているかというと、1グラムの2千億分の1というところに30億の塩基が書かれている。しかも、それが間違いなく動いている。これは何事かということですよ。

しかも、これは人間が動かしているんじゃないんですね。私たちの体の中の超ミクロの世界で一刻の休みなく活動しているものがある。それを可能にしている主体は人間ではない。

これを動かしているのは自然なんです。自然がやっているわけです。

そこで私は自然とはなんなんだということを少し考えてみました。私たちが一般的に考える自然というのは、山とか川のようなものです。しかし、そんなものに万巻の書物に匹敵する情報が書けるわけがありません。ゲノムを書いたのはそういう自然ではない。

私は自然にはどうも二つあるのではないかと考えた。つまり、目に見える自然と目に見えない自然がある。目に見える自然の奥に、目に見えない自然の働きがあるのではないか。そう考えたのは、法則や摂理の働きがなければ、微細にわたる遺伝子暗号が書けるわけはないと思ったからです。

そして、その目に見えない自然の働きを私はサムシング・グレートと名付けたんです。」

と書かれています。

人は「楽しいうれしい」時は、笑いの正の遺伝子がスイッチオンされ、「悲しい悔しい」などの負の遺伝子はスイッチオフになります。このスイッチオン・オフは心の持ちようで切り替えられるのです。

先生はヒトゲノムを解読され、約六〇兆の細胞からなっている人間が生きていることは、ただごとではありません、といわれます。六〇兆とは地球上の全人口六〇億の一万倍です。

それが毎日けんかせずに寄り集まって活動しているのです。

それに比べて、人間は歴史が始まって以来、戦争をやめたことがないのです。何とも愚かですね。細胞は自分を生かしながら、他の細胞の働きと協調して臓器の働きに協力し、臓器も自分の働きを保ちながら個体を生かしているといわれます。心臓なら、一生一日たりとも休まず、文句も言わず、ポンプ作用を打ち続けてくれているのです。

つまり、サムシング・グレートというのはハートを感じることで、何かよく分からないから「サムシング」というのであって、キリスト教の人はキリストの神、仏教の人は仏教の仏、私のように天理教の者は教祖の教えとして受けとればいいのだといわれています。

心と遺伝子について、先生は同著で次のように述べられています。

「心にはいろいろな心があるわけで、大体、心の定義というのはできないですから、心の動きしかわからない。私には一つの仮説があります。楽しい・うれしい・感動・喜びなどのポジティブな感情がいい遺伝子のスイッチをオンにし、悩み・苦しみなどのネガティブな思いが悪い遺伝子のスイッチをオンするのではないかという説です。これを何とか証明したいと思い、笑いから入りましたが、祈りのような非常にスピリチュアルな感情も、私たちの遺伝子のスイッチのオンとオフに関係するのではないかと思っています。」

「サムシング・グレート」を感じる時には、ある遺伝子のスイッチが入っている。また、遺伝子と遺伝子外情報が互いに相互作用しながら、その人の人格とか行動を決めている。動物の場合、行動のすべては遺伝子情報に支配されている。つまり、固定したプログラムで行動しているといわれています。

一方、人は環境に応じてプログラムを変えることができます。そこに人間の進歩があると江崎玲於奈博士はいわれています。大腸菌やカビ一つ人間ではつくれないという原点を思う時、自然の世界と六〇兆の細胞を持つ生命の素晴らしさ、そこに不思議な力「サムシング・グレート」の神業があって初めて人は生かされていると思います。

第六章◉神のふり見て我がふり直せ

一、神の定規という諭し

人生笑いあり涙あり、学びの道中にある。学生は学生なりに、子育て時期は子育てに、働く男性も女性も、経営の任にある者もそれぞれに、日々必死に取り組まねばならないでしょう。誰しも自分が一番正しいと思って、ことにあたり、自分が偉いと思って行動します。ところがそうとは限らないことが余りにも多いですね。

経験も違えば立場も違う。もちろん知識も、修めた学の度合いも違います。私がまだ中学生当時、私の兄が父の跡を継いで、まだ血気盛んな頃、天理教の先生との話で、そんなに自分のことが正しいと思うのであれば、「ここに三〇センチメートルでいいから真っ直ぐな線を引いてみなさい」といわれた。「真っ直ぐですよ」と念を押された。

「それは引けません」というと、

「それなら定規を使いなさい」といわれました。

「定規を使っていいなら誰だって引けます」と反論すると、

「そうでしょう、世渡りも定規を使って真っ直ぐに歩めば間違いはありません」

と諭されたといっていました（私の家は天理教の教祖がまだご存命中に我が家にお出でになったと聞かされてきました約一三〇〜四〇年くらい前に直々の教えにふれる機会があり、よほど衝撃が走ったのでしょう、親戚一同がこの時から仏教から天理教に改宗しています）。

神の教え通りに素直に世渡りすれば間違いがないのです、という諭しです。「定規」とは神の教えなんです。

この教えは天理教の場合は教祖自ら書かれた「おふでさき」や「みかぐらうた」「おさしづ」の三原典があります。「おふでさき」は教祖ご自身が筆をとって親神様の思召しを記されたものです。これを定規として日々の陽気ぐらし、ひのきしんの道を説かれています。このように教祖が手ずから書かれたのは世界の他の宗教にはありません。

まとめ●「神の定規」という諭し。

●高だか三〇センチメートルの線も真っ直ぐに引けないのに、自分が正しい、自分は偉いと思わずに、神の定規を使って世渡りしなさい、の教え。

●神（神仏習合　自然と一体感を持って）の教えの定規に合わせた暮らし、これが日本人である。以下この神仏習合を神と表現する。

二、八百万の神

日本は至る所に神がおわし、八百万《やおよろず》の神の国といわれます。この神国という呼び名を真正面から強調したのは、北畠親房《きたばたけちかふさ》で『神皇正統記《じんのうしょうとうき》』の冒頭に「大日本者神国也《おほやまとはかみのくに》。天祖《あまつみおや》ハジメテ基《もとゐ》ヲヒラキ、日神《ひのかみ》ナガク統《とう》ヲ伝《つたへ》給フ。我《わが》国ノミ此事アリ。異朝《いてう》ニハ其タグヒナシ。此故ニ神国《かみのくに》ト云《いふ》也。」と記しています。

これは「統ヲ伝フこの我が国にのみ見られる尊い系譜の存在を、讃え崇めて呼ぶ名称が神国である。北畠親房は神代《かみよ》というような虚構を排し、この世の現実として継続してきた皇室を、引き続き戴く稀有の国柄の、その有難さを強調するため、平静に神国と呼ぶことを選んだのである。」と皇室の伝統を強調しています（谷沢永一著『この国の不条理』より）。

伊勢神宮のある伊勢へ行くと、玄関にいわしの頭を柊に差して飾ってあります。これも一種の魔除けの神です。大木になって注連縄《しめなわ》がはられると人は手を合わせ拝みます。外国の人ははばかばかしいと思うことでしょう。しかし日本人なら誰もそうは思いません。

森喜朗元総理は神の国発言でその座を追われましたが、決して間違ってはいなかったのです。憲法と総理という立場がそうさせたのです。また梅原猛さんは「神と仏が一体となった神仏習合こそ日本ならではの宗教思想であり、世界に誇るべきものだ」といっておられます。

このように、日本でいう「神」は仏をも含めて総称的な表現をすることが多いようです。神や仏といっても一つではない、正に八百万、自然と一体をなした存在としてとらえる感性にこそ、日本人の本来の姿がみられます。

奈良県桜井市に大神《おおみわ》神社（通称三輪神社）があります。このご神体は三輪山そのものです。古代から名高い「山辺の道」はこの三輪山の麓の地に由来し、『古事記』や『日本書紀』では「ハツクニシラス天　皇《すめらみこと》」、すなわちこの国を初めて治めた天皇と伝える第十代崇神天皇陵や第十二代景行天皇陵もこの道のそばにあります。

この他、全国に万を超える神社がありますが、そのご神体はみな違うのです。もちろん同じ神さまをお祀りしているところもあります。

しかし三輪山のような、お山そのものがご神体というのを別にして、そのほとんどはご神体は目にふれることはありません。

天理教の場合は元《もと》はじりまりの「おぢば」に「かんろだい」という六角形の台がありま す。四方正面鏡屋敷で東西南北の礼拝場から拝礼するのです。この部分は屋根もなく正に天に通ずるようにしてあります。

一方、仏教の場合はどのお寺も仏さまは姿も形も一般に目にふれることができます。密仏とされ一般には目にふれないものもありますが、これはごく少数です。この仏さまも何百もあり、お寺によって納められている仏さまは違うのです。お宮やお寺は全国どこに行ってもあり、日本人ならみな素直にご参拝するのです。これが日本人の感性です。

昔の日本では生まれ育つ家には仏壇があり、三宝荒神さんが炊事場の火水風の神としてお祀りしてあります。また庭にはヘビ除けであろうか巳さんを祀り、商売繁盛を願ってお稲荷さんまでお祀りしてありました。もちろん私の家もこのようでした。商家ならこのような家が多かったのです。

いい悪いではなく、素直に受け入れる、神や仏に従った日々の暮らしを旨としたのです。私の家では毎朝神棚にお詣りし、一日が始まります。戴きものをすると必ず、まず神棚にお供えをし、それからでないと頂けないのです。「神さんはもう食べはったのかなあ」と母にたずねては早く食べたくて待ったものです。学校の成績表、卒業証書、合格証書、なんでもまずは神さまにお見せする。こんな習慣のなかで育ったのです。

お月見ともなれば、廊下にすすきを飾り、たくさんのおだんごをお供えして月の出を待ったのです。こうした自然と一体となった環境のなかで暮らし、生活をする。そこに心が癒され穏やかな日々が約束されると信じたのです。これが日本人です。

一神教が大勢を占める、今日の世界の狭量な価値観によって起こっている対立や混乱を予測したかのように、アインシュタインは、日本人の神に対する感性こそが人類の救済に繋がる、ともいっています。


まとめ●日本を神国と記したのは、北畠親房で、万世一系の皇室をこのように記した。
●神と仏が一体となった神仏習合こそ日本ならではの宗教思想である（梅原猛氏）。

●日本人の神に対する感性こそが人類の救済につながる（アインシュタイン）。
●「ぢば」天理王命（親神様）は、人間が陽気ぐらしをするのを見て共に楽しみたいと人間をお創りくださった。その人間を宿し込まれたところが、天理教本部の中心「ぢば」であり、ぢばには礼拝の目標（めどう）として「かんろだい」が据えられている。
●「かんろだい」は六角形をした大小十三の部分を積み重ねてつくられているが、人間創造と人間が成人していく姿をかたどったものとされている。
●あの世でなくこの世の陽気ぐらしを説かれ、世界助けを教え込まれている。

三、人のふりは当てならず

人は事のよし悪し、好き嫌いなど、自らの定規で判断しがちです。そこに大きな間違いが生じます。

あの戦国の風雲児、織田信長も安土城に社をつくり、信長自身を拝めと命じるにいたり、偉大な権力が由に内なる家来から恐れられ、とうとう命を落とすような結果になったのです。

俗に「人のふり見て我がふり直せ」というのですが、最近この「人のふり」が怖いですね。駐車禁止、車からのポイ捨て、不法投棄、違法看板、電ビラ、飲酒運転、鉄材の盗み、違法風俗営業、脱税に粉飾決算、正に無法列島と化したような日本のありさまは何としたことでしょう。みんなで渡れば怖くなく、あなたがやるから私もやるの風潮で、どうしてこんな日本になったのでしょうか。

一面にはカネ、金、カネの世のなかになり、他を思いやるより、我先に。自分・自分の我が露骨に現われ、質素、検約、質実、剛健、謙譲の美徳という誇るべき日本文化は片隅に片づけられてしまった感があります。

これは西洋近代文明を明治以来受け容れるなかで、古来より受け継がれてきた伝統的な「こころ」のありようを見失ってしまったのでしょう。今こそ「神のこころ」を思い返すべきではと、私は思います。

マスコミによる情報の氾濫、究極はテレビの悪影響が社会を大きく曲げていませんか。テレビニュースは事件、犯罪を毎日毎日知らせるのがニュースだと思っていませんか。しかも同じニュースを何度も何度も。善良な視聴者はそんなものを見たいとも知りたいとも思っていません。ある面、こうしたニュースに毒されて同類の犯罪がいっぱい起きています。真似るのですね。いい影響が決してないのです。

知らせる権利というのでしょうが、少し違います。だから最近は、「人のふり見て」はよくはならないことが多過ぎるのです。神聖なる神の心に添うのが一番です。何事にも惑うことなかれです。

まとめ●人のふり見て不法、無法、悪に走る風潮が目立つ。「こころ」のありようが弱い。

●西洋近代文明の受け容れは、悪い面を倣わず、日本古来の伝統的な「こころ」のありように回帰すべき。

●マスコミは報道、番組の中身を考え直すべき時で、社会を悪い方向に導くような番組は慎むべき。

四、経営は心の集合体

経営のルールには会社法あり、税法あり、民法や労働三法など、実に様々の法律があります。

こうした社会の定規に合わせ、儲かる企業づくりをするのですが、企業は人であり、人の集合体、つまり心の集合体です。その心を一つにする定規は神の教えという定規だと思うのです。

核家族が多くなり、住宅様式も変わり、神仏をお祀りする家が少なくなり、心の自然破壊が進んでいます。

こうした時にこそ身勝手、ご都合判断にならないように、この神の教えという定規に添った判断心を常とする経営にこそ人は腐心し、行動し、利を呼び込むことです。「一手一つの和」という石垣、城を築くことができれば成功は疑いなしでしょう。一口で一手一つといっても、これほどむずかしいものはありません。人はめいめい考え、思想、目的意識、意欲、すべて違います。人の心を読み解くほど、むずかしいことはありません。何を考え、何を望み、何を悩んでいるのか、分かりません。コミュニケーションとコンセンサスが大事です。

人は身体やその他のモノすべては、神からの貸しもの、借りものです。私たちは、自分の身体は自分のもので自由に動かせると思っていますが、実は身体を自由に使うことができるのも、神が体内に入り込んで下さっているからです。身体は神から「お借り」しているし、神から「貸して」頂いているのです、と教えられています。借りものだから、いつかは返さなければならない。だから天理教では死を「出直し」といいます。

まとめ●企業は人であり、人の集合体、心の集合体である。
●経営のルールはまず法を守ること。
●心を一つにする定規は神の教え。
●神仏をお祀りする家が少なくなり、心の自然破壊が進んでいる。
●身体は神からの「借りもの」、神から「貸して」頂いているもの。
この原理をまず知ることから始める。

五、「こころひとつが　わがのもの」

「こころひとつ（心一つ）が　わがのもの」というのは、人は心だけが自分のものとしてあるという教えです。ところが人はモノにこだわり、おカネを中心に動くような拝金主義の世のなかになっています。

おカネは必要不可欠ですが、これがすべてではありません。このすべてでない面に価値を見出すことこそ、人の価値です。

心のありようを間違いますと病になります。神からの借りものの身体ですから自分ではどうにもなりません。いずれ神にお返しする時が来ます。死亡率は一〇〇パーセントなんですから。

しかし、心のありよう次第では、こんな楽しい世のなかはありません。特に日本ではほしいものは何でもあります。働きようで何でも手に入ります。山紫水明、四季ごとに花が咲き、温泉列島でもあります。何とも恵まれた国に我々は暮らしています。生あるうちは陽気ぐらしに心を使いましょう。

さて、心の集合体を「一手一つ」にして「和」を生み出すというのはやさしくはありません。そこには理念、大義名分、納得の心がなければなりません。

二人三脚に始まり、その数、輪を広げていって初めて集団となります。この集団の力が企業を動かし、働かせます。

基本となる夫婦とて、長続きさせるにはお互いに忍耐と理解し合う心、堪能の心が必要です。子をつくり育て、やがて孫の顔を見て楽しく過ごす日々とつなげて輪が広がります。人間これで初めて一人前です。
もとより私には、大した信仰心があるわけではなし、上段に構えたり抹香臭く説く資格は端からありません。ただ考え方としてこうではありませんかという意図が伝われば幸いです。

まとめ●身体は神の「借りもの」「貸しもの」、心一つがわがのもの。
●その心のありようがすべてを左右する。
●おカネは必要不可欠だが、これがすべてではない。
●このすべてではない面に価値を見出すことこそ人の価値である。
●心のありようで病ともなり、また病の根も切る。
●心のありようで、こんな楽しい世のなかはない。
さあ、勇んで明日に向かって生きよう。

第七章◉「神」の定規

一、人は何のために生きるのか

人は何のために生まれ何のために生きるのでしょうか。親の愛情をいっぱいに受けて生まれますが、行くえ知れない長い長い旅をすることになるのです。

人の一生は働くために生まれてきたようでもあります。〝働かざる者食うべからず〟と聞かされてきました。

人の一生、その道中は実に長いものです。たとえていえば、東海道は勉強の旅、中山道は結婚生活の旅、そして山陽道は働く旅、と歩き続けるのですが、まだまだ先の長い、旅また旅の連続です。

その長い長い旅路の一コマ一コマには、あきれるほどにこれでもか、これでもかと山坂あり、いばら道があります。苦労や難渋の波が押し寄せる。寄せては返す、この波を越え、はね飛ばし大海原へと出るのです。その道中で人に恋し人生に恋する。そこに悦びを見つけるのが人生であります。そうです、人はそれぞれに、この長い長い旅路となる人生を楽しむために生まれてきたのです。

神が何故「陽気ぐらし」を説かれるかが、だんだんと分かってくることになります。

人はみな「神」の思召しの如き心で日々暮らせたらどんなに幸せだろうと思うのですが、そうはいかずに煩悩がゆえに苦しみ、欲に惚けることが多いのが常となります。誰しも清く、正しくとは思うのですが、そこに自我がでます。利己の心が強く働きます。ああむずかしい、できない、できないという人生ではないでしょうか。少なくとも、私はそうなのです。しかし神は、

「何にもむつかしいことはないで、自分の心がむつかしいのやで、むつかしいおもへばむつかしうなるで」

といわれる。

また、孔子がいわれる「それ恕《じょ》か」、己の欲せざるを他に施すなかれとあるように、自分

が人からしてほしくないことは、人にしてはならないのですが、時として、いやいつもその反対をしてしまうことが多いのです。

利を追い求める日々には何も見えません。ただ見えるのは向こうの宝の山だけです。本当に宝の山ならいいのですが。人生いろいろ、会社もいろいろ、人もいろいろです。おカネのために生きる、ではいかにも寂しいですね。

折角生を受けた人生です。晩年になって、「あなたは人生楽しんできましたか」と尋ねられた時に「はい。もちろん」と答えられるようにしたいですね。

仏教、キリスト教、イスラム教、みんな来世の幸せを願う宗教です。唯一この世の「陽気ぐらし」を説かれているのが、天理教です。私もこの世の人生を楽しく謳歌したいと思っています。だから一所懸命働いてきましたし、これからも働きたいと思っています。汗して働き満足汗、ストレス快笑です。

「みず（水）とかみ（神）とはおなじこと　こころのよごれをあらいきる」といわれるように、人々は経済競争や貪欲という釜のなかに入れられ、毒された心を洗う機会を失ってしまっているのではないでしょうか。

今こそ本当の幸せ、喜びとは何かを知り、人生を見直す時期ではないのかと思うのです。

そうでなければ奇跡に近い経済復興と発展を遂げておきながら、なかに住む人たちに残ったものは、疲れ果てた体と疲弊した心だけというのでは、何とも救われません。

人はみなこの世の「陽気ぐらし」のために生まれてきたのです。

そこで、この度は誠に申し訳ないのですが「神」にお出ましいただいて、私なりの勝手な解釈、論法で今の世迷える人のために、この書を書き進めてみたいと思うようになったのです。

まとめ●人は親の愛情をいっぱい受けて生まれる。

●人の一生は行くえ知れない長い長い旅。勉強の旅、結婚生活の旅、働く旅。

●旅の道中に人に恋し、人生に恋する。そこに悦びを見つけるのが人生。

●煩悩がゆえに苦しみ、欲に惚けては苦しむ。

●自我・利己の心が強く働く。こうした心を断ち切る。

●「何にもむつかしいことはないで、自分の心がむつかしいのやで、むつかしいおもへばむつかしうなるで」といわれる。

●利を追い求める日々には向こうの宝の山しか見えない。本当に宝の山であろうか。

●おカネのために生きる、では寂しい人生。
●晩年に「あなたは人生楽しんできましたか」と尋ねられたら「はい。もちろん」と答えられるようにしたい。
●「みず（水）とかみ（神）とはおなじこと　こころのよごれをあらいきる」神の救けを借りて心のよごれを洗おう。
●この世の「陽気ぐらし」こそ人生。

二、商いは東海道五十三次

経営は「儲けてなんぼ」の世界ですが、儲けの道中には東海道もあれば、中山道もあります。東海道であれば、お江戸日本橋から京都三条まで五十三次を無事通らねばなりません。旅には必ず道中手形（商いの大半は資格、許認可が必要となる）が必要だし、いくつもの関所改め（一年毎に決算、申告、大企業では監査が必要で、税務調査もある）があります。その道中には雲助も出るし追い剥ぎも怖い（何といっても競争相手の出現に勝ち抜き、流行すたりの波を越えて変化に応えるノウハウが必要。さらに資金調達力をつけねばならない）。

まず箱根の関所を越え、次に大井川を渡らねばなりません。難所が次から次へと続く。このように東海道の旅はそれこそ怖い怖い思いをして、お伊勢さんに辿り着くのです。

しかし、これが多くの人たちが夢見た東海道中の旅とお伊勢参りです（夢に向かっての企業づくりですが、向こうに神の存在を常に忘れず、宝の山「カネ」の魔力にだけ溺れないことです。）。

お伊勢参りは弥次さん喜多さんも、東海道の四日市宿を過ぎ、日永の追分で東海道を分かれ、伊勢街道で伊勢神宮に向かったのです。

この東海道や中山道、山陽道といった江戸期の街道の往来が日本経済の整備、発展に大きく寄与したのです。

本論の商いは、こうした道中よりもっともっと大変、儲けの果実を着実に積み重ね（毎期毎期黒字決算の積み重ね以外、身の安全はありません）、一つ一つの宿場、難所を通り越えなければ儲かる企業づくりはむずかしいのです。「銭儲け疎かなし」とはよくいったものです。ちょっとした気の緩みや判断ミスが大過を招くことになります。

二人三脚がもたらす儲けのリズムを稼動させることに日々心を砕かねばなりません。二人三脚のよさは、何より心のふれあいに始まります。また二人三脚で走ろうとすれば、自ずと低姿勢になります。これが商いの極意、「商売牛の涎」だと思うのです。

細（そ）う長（ご）う利益を継続する企業五則「儲けのリズム」に事業を乗せることです。我一人儲けたい、誰よりも儲けを一人占めしたいといった企業が目立ちませんか。

リストラ、すなわち搾取に近いやり方を中小零細企業に押し付け、下へ下へと圧力をかけて利潤を吸い上げる大企業が実に多いと思いませんか。雲助や追い剥ぎよりもっと怖いのは、商いに悪事を働くことです（倒産、破産の企業の末期はほとんど悪に手を染めます。経営者の心が弱いのですね。）。

「神は正直の頭に宿る」のであって、悪事には必ず天罰が当たります。列挙するのも煩わしいくらいにあります。

アダム・スミスの「見えざる神の手」とは、市場経済の自動調節機能をいうのであって、経済活動を個々人の私利をめざす行為に任せておけば、社会全体の利益が達成されると考えたのです。ところが今日では、大部違った形の経済社会となっています。利益至上主義、勝手主義が蔓延し、そのことに気づかない如く人々の気性が変わってしまっているからです。

このアダム・スミスですが、彼はもともとグラスゴー大学の道徳哲学の教授だったこともあり、経済に「神」を持ち出したのです。しかしその後の「国富論」で、現在の世界経済の基軸ともいえる所有と経営が分離した株式会社（有限責任会社）の出現に際して、見知らぬ他人の金を自分の金と同じように慎重に運用できるはずがない、と懐疑的な意見を述べています。これは、会社は株主のものであるという前提に立っています。本当にそうでしょうか。

最近は、この所有を意味する資本の株式投資がM&A（合併や企業買収）、TOB（株式公開買付け）や敵対的企業買収、今年から日本でも解禁になった三角合併が多様に力の原理に活用されるようになっています。よい会社だとなれば狙いを定めて買収をかけてくる。何年にもわたり利益とノウハウ、内で働く社員を教育して出来上がった企業を一気に飲み込もうとする手法がアメリカ投資ファンドやアメリカナイズされた人に行なわれだしました。

そのためもあって株式公開企業の経営者に余裕がなく、冷静さも失せて遮二無二利益を追い求めるだけの姿勢が企業を間違った方向に走らせているのではないでしょうか。商いとはそんなものではなかったはずです。

まとめ●経営は「儲けてなんぼ」の世界。
●儲けの手順は二人三脚の姿勢から、心のふれあいと低姿勢が生まれる。

●「企業五則」に乗せること。

●商いは東海道五十三次のようにたくさんの関所、難所がある。

●資格、許認可

一年毎の決算、申告、監査（大企業）、税務調査、競争相手に勝ち抜き、流行たりの波を越えて、変化に応えるノウハウが必要。さらに資金調達力をつけねばならない。

●夢に向かっての企業づくり

宝の山は「カネ」ではなく喜び、共に喜ぶ心。

三、急《せ》いた清兵衛三日先死んだ

事業のすべては利益を上げることが一つの命題です。ここで一番必要なのは経営者の一所懸命の姿勢、心遣いです。

神は「人を助けて我が身助かる」といわれます。仏の世界では「自利利他」といわれます。「お客さまは神さまです」といった歌手がいましたが、なるほど、お客さまがいなければ商いは成り立ちません。

消費者、広く社会がその商いを受け入れ、買い手となって参加し、その儲けのリズムに合わせた賛同の評価をしてくれて初めて儲かります。身勝手な社会正義に反したと受け取られた商いは瞬時に駄目になるでしょう。

不二家のような一〇〇年企業でも利益という名のプレッシャーに負けて、ついつい過ちを犯すのです。それこそ神の力が働き、粛正されることを知らねばなりません。苦しい時こそ「裸」の姿で「正」を貫く強い経営者の姿勢が大事です。

黙々と汗して働く姿が「三方よし」に適っていれば、利は後からついてきます。また、この「三方よし」でなければ今の時代、事業は絶対成り立たないのです。「売り手よし」だけではなく、「買い手よし」と「世間よし」の力が強い時代になっています。

また、私もよく聞かされたことですが、

「急《せ》いた清兵衛三日先死んだ、急《せ》かん清兵衛カネ拾ろた」

とあるように、急いたばかりに早死、倒産となり、じっくり型の清兵衛はカネ拾（ろ）た、つまり成功したの教えです。これは遠く室町、戦国時代から自由都市経済を営んだ環郷都市、我が平野郷の教えでしょうか、出自は不肖ですが、我が家で受け継がれてきた教えです。

バブル期なのか、グローバル・スタンダードや規制緩和がきっかけなのか、蔓延している拝金主義に心を奪われた人が余りにも目立ちます。

後述しますが日本経済は、量的には既に限界といっても過言ではありません。ただ政府が提唱するイノベーションのような質的な変化によって、豊かさや満足を得ることの道は残されています。

だからノルマ至上主義を押しつけたり、利益確保を焦っての指示に、社員一人一人は果たしてどう受け取るでしょうか。企業よがりに市場がついてくるでしょうか。

焦らず、とくと思案を重ねることが経営者の役割です。社会を騒がせ、マスコミの餌食になっている問題の大半は、内部告発ではありませんか。「見えざる手」ともいえますが、分からないと思っていても

「壁に耳あり、障子に目あり、天知る、地知る、人が知る」

と、いうではありませんか。「ああびっくりした、そうなんや」と思い返して空念仏にならない思案が必要です。

「会計」がお手伝いします。道筋を示します。弱い心、甘い考えには神の思案、定規を使って下さい。「会計」がお手伝いしますということは、脱税や粉飾ではありません。「程経《ほど》

営」であり、身の程、分相応の経営のことです。
家庭も会社も同じです。高級車にマイホーム、ブランド品が歩いている如く身につけて、ちっとも似合っていませんよという人も多いではありませんか。会社も同じ無理や放漫・油断は禁物です。
一朝一夕で一〇〇億円企業はおろか、一億円企業も簡単ではありません。ところが世の経営者は事業を大きくしたい、たくさんの人を雇いたいと思うのではありませんか。それはより多くの金を得たいからです。しかし、その道中を間違ってはなりません。雲助も追い剥ぎも出ます。

まとめ●「急いた清兵衛三日先死んだ、急かん清兵衛カネ拾ろた」

●足るを知ることを忘れてはならない。

先を急げば倒産：じっくりコツコツが成功する教え。

「吾れ唯足るを知る」

石庭で有名な京都・竜安寺にこの蹲《つくばい》がある。

●「人を助けて我が身助かる」の社会貢献の心がけが大切。「自利利他」は仏教の教え。

●利益のプレッシャーに負けてはいけない。苦しい時こそ「裸」の姿で「正」を貫く。カルロス・ゴーン氏はこの姿勢で財務の中身の悪い所をすべて処理し、ニッサンを再生させた。「会計」の分かった経営者である。反対に会計の分からない経営者は悪い所を隠して不法、不正に走る。会計の力によって働きのすべてを引き出す。

●「買い手よし」「世間よし」の力が強い時代になっている。

●無理に急いでも企業の能力と体力に合わせなければ三日先死んだ、となる。

●欲はどこまでいっても止めどない。足るを知り「程」「身の丈」を知ることである。

これほど素晴らしい神の定規はない。

四、会計の仕込み杖

会計という仕込み杖を持って、商いの定規、神の定規という助さん、格さんが要りますね。市場は無限の受け取り方を持ち、全方位的に動きます。やがて天の理に適っていれば一筋方向に走り出し、利をもたらしてくれます。経営をしていると、どうしても余裕が持てない。「うさぎと亀の話」ではありませんが、油断すると追い越されて、いずれ市場の隅に追いやられてしまうのではと不安になるものです。何とも経営者とはゴールのないマラソンランナーの如きです。

また、人はよく、欲、よくであります。さりとて人は、意欲という欲がなければ進歩しません。自己実現の欲、会社経営で利益、黒字経営という欲がなければ存在する意味がありません。

ただその欲の位置づけです。お金は必要不可欠で誰だって人並みにはほしいものです。しかし、貯めたり殖やしたりすることが生活、生きてゆく目的ではありません。人は欲によって左右され、惑わされ、ついには過ちに足を踏み入れることになります。やがてそれが馴れになってエスカレートする。遂には法までも犯してしまうのです。

脱税に手を染め、そのカネを隠す。内心は発覚するのでは、税務署が調査にくるのではとびくびくしながら日を送る人が多い。十をごまかしても全部は分からないだろう。七だけ見つかれば三の得だ、五だけなら半分得だというように安易な人が後を絶たないですね。

こうした人は肝心なところで大きく抜けています。事業の必要資金を借り入れたいと思っても、税をごまかしたということは、利益が過少に表示され、企業内容が充分でありません。納税証明の額も小さい。従って満足な資金が借り入れられないのです。結果として、思った事業展開ができない、というように、逆風に晒され、大きな損をすることになります。

これとは別に、企業は赤字であるのに黒字に見せかけます。粉飾決算書を金融機関に出すお粗末な企業も未だにあります。何とも情けないですね。こんなことをやる企業の末路は倒産であり、返済できなければ立派な詐欺であって、経営者が逮捕されることも意外に多いようです。冗談ではありません。欲にぼけてこんなことはあってはなりません。

まとめ●「会計の仕込み杖」は座頭市のように威力を発揮する。
まず、商いに必要な会計の基本を知る。

① 貸借対照表のバランスの意味を知る。

流動資産	流動負債 固定負債	他人資本
固定資産	純資産の部（自己資本）	

流動資産＞流動負債＋固定負債
固定資産＜純資産の部
流動負債＋固定負債＜純資産の部

この形を覚えること。

② 利益をもたらす損益計算書

固定	目標利益	売上
変動費化	売上原価	
	人件費 ・ ・ ・ 支払利息・割引料	

簿記のいう
収益－費用＝利益または損失
ではない。

目標利益を固定し、すべての費用を変動費化する柔軟性があれば、儲かる。

③　経営の明快な基準――会計の十大原則

1. 経理の記録は完璧に
2. 自己資本比率五〇％超（信用バランス）
3. 固定資産は純資産の部の範囲内（健全バランス）
　固定資産＜純資産の部
4. 受取手形＋売掛金≧支払手形＋買掛金
　（受取手形＋売掛金）サイト＜（支払手形＋買掛金）サイト

5．流動負債＋固定負債＜流動資産

6．キャッシュフローは何より大事（余裕バランス）

7．売上－コスト＝利益（または損失）ではダメ

売上－利益＝コスト　の図式で

8．固定費の変動費化

人件費、支払利息、割引料、減価償却費

9．「税はコスト」の潔さが企業を強くする。

10．変動費のさらなる変動費化

この十大原則の会計が分かれば儲かる。

④　腹七分経営の損益計算書

P/L　　　　単位：万円

	項目	腹七分の経費	満腹の利益	項目	腹七分売上	満腹の売上
人件費の4倍を確保	売上原価	49,000	70,000	売上	70,000	100,000
	売上総利益	21,000	30,000			
粗利の1/4	人件費	5,250				
粗利の1/4	一般管理費	5,250				
粗利の1/2	営業利益	10,500	19,500			
	営業外収益・費用	0	0			
	経常利益	10,500	19,500			
	特別勘定	0	0			
粗利の1/2	税引前利益	10,500	19,500			
粗利の1/4	税金	5,250	9,750			
粗利の1/4	税引後利益	5,250	9,750			
	↓					
	返済と資本の増強	5,250	9,750			
	↓					
	再投資	5,250	9,750			

（注）説明を簡略にするため、営業外や特別勘定はすべて0とした。

税金は便宜上50%とした。

儲けの理解を早めるため、人件費の4倍稼ぐ体質の強化の見本を示す。

売上は満腹の10ではなく7で儲かる。売上原価、人件費、一般管理費の管理の見本でもある。

人件費と一般管理費の合計で2/4の管理でもよい。

⑤ 「程」経営に徹すること

程は堅実経営のセオリー

「溜め」を持った「程」経営。

「溜め」とは会計でいう自己資本、内部留保、自己成長力のことである。

「程」経営の要素は、次の四つをリズミカルに回すこと。

1. 儲けのリズム（Profit Rhythm）

2. 黒字リズム（Black Rhythm）

3. 返済リズム（Return Rhythm）

4. 成長リズム（Growth Rhythm）

この四つの回転が「程」経営を生み出す。

⑥ 会社全体を高収益体質にする。

売上（最大に）
売上原価
期首棚卸
　当期仕入高
　期末棚卸高
　売上総利益
利益率（高収益率に）
　経費（最小に）
利益（高収益に）
税金
返済
内部留保

・キーワードは「付加価値」
「顧客の喜び」
＝「付加価値」
＝「会社の利益」

・自分の人件費の４倍を稼ぐ体質にする。

・（売上総利益４）－（人件費１）－（経費１）
＝（利益２）
（利益２）－（税金１）＝（賭け１）

⑦　倒産を回避する七つのポイント

1．自己資本比率――小さな会社ほど高いほうがよい。中小零細企業は五〇％を超えることが望ましい。

2. ギアリング比率──自己資本比率と正反対に五〇%を下回る非借入依存が望ましい。

3. 固定長期適合比率──比率は低いほど望ましいが、自己資本の範囲内が限度である。

4. 収益フロー──一年の儲けのことで、この中から返済をし、内部留保の溜めを増加させる。

5. 債務償還年数──借入金を何年で返済できるかの指標で一〇年を超えれば危険信号である。

6. インタレスト・ガバッレジ・レシオ──借り入れた利息の何倍を稼げるかの指標である。

7. キャッシュフロー額──帳簿上の儲けた額と現金支払いの伴わない減価償却額の合計で、実際に使える額ともいえる。

この七つを常に念頭に商いをすれば間違いは生じない。

これが「会計の仕込み杖」である。

五、「よくにきりないどろみずや」

私のいう「程経営」や「身の丈に合った」という教訓は、欲にきりがない心をどうコントロールするかです。

一生一笑を目指すには、高欲、強欲は禁物です。この手立てを会計に求め、二人三脚の姿勢にあれば、泥水に入り込むことはないのです。心澄みきり神の定規と二人三脚の心遣いがあれば、神の社の向こうから、よき手立てを頂き、程々に世渡りができるのではないでしょうか。「陽気ぐらし」とはそういう暮らしをいうのであって、決してカネがもたらす力ではないのです。

しかし、人間一番始末の悪いのは、「欲の心」です。食欲、カネ欲、色欲、名誉欲、まだまだあります。仙人でもあるまいし人間欲があるから生きられるのですが、欲を止めるブレーキが効かなくなるのです。

この時の欲がいけないのです。どれもこれも欲にきりない泥水となるのです。こうした状態に落ちた時の定規が必要です。神の定規は「こころすみきれ　ごくらくや」と教えて下さっています。間違っては元に戻す、また間違っては元に戻す。この元に戻すことが大事なんです。元に戻らなくなってしまったら「出直し」（往生）でしょうか。

まとめ●「よくにきりないどろみずや　こころすみきれ　ごくらくや」

欲にきりがない心をどうコントロールするかによって人は幸せを感じられるし、不幸にもなる。

●おカネは必要不可欠だが、これに溺れてはいけない。

「陽気ぐらし」は決してカネのもたらす力ではない。

第八章◉「神の定規」に天命を知った松下幸之助さん

松下幸之助さんは知る人ぞ知る「商売の神さま」と呼ばれた人、松下電器産業を育て上げた人。明治二十七年、和歌山県和佐村で生まれ、両親を早くに亡くしています。小学校中退で結核の後遺症で肺の一方は機能しないままの生涯を送られた人で、決して恵まれた環境ではありません。

そうしたなかで成功した秘訣は、「物事を常に明るく見る」という心の持ち主だといわれています。つまり一生一笑を送られた人。九歳で奉公に出た大阪の火鉢屋は三か月で閉店し、その後は自転車店で十五歳まで働いた。ここで商売の基本である仕入方や接客、販売、集金という一通りを学んだといいます。

そうしたなか、街を走る電車を見て「これからは電気の時代」であると直感し、大阪電灯（現在の関西電力）に就職しました。配線工事に携わり、初代の通天閣の工事にも参加したといわれています。

十五歳という年齢に、まずびっくりですね。その松下さんが二十二歳で独立した当時は、わずか三人でした。松下さんと奥さん、義弟だけだったのです。

京セラの稲盛さんは二二人と、松下さんよりは随分と多いのですが、それでも創業時から一〇〇人も抱える経営者はいないのです。

中小企業の「おやっさん」と呼ばれる経営者さんはみな同じ条件です。がんばってほしい。ここからは正に二人三脚の歩み、一日一日いい仕事をしたなあという喜びの積み重ね。夢、目標、希望といった、人それぞれが持つものへの「やり遂げようとする情熱」、これだけは失ってはいけないと松下さんはいわれていました。お金や協力者、特に能力は不思議と後からついてくるともいわれています。

たった一言の力「ありがとう」という感謝の言葉は、二人三脚で走るお互いの心に大きな花を咲かせるのです。

前著にも書きましたが、松下幸之助さんは、昭和七年に得意先である熱心な天理教の信者の方に勧められ、断り切れずに初めて天理教の本部を訪れました。そこで見た本部神殿の壮大さにまず驚き、多くの信者たちの「一手一つの和のひのきしん」（まとめを参照）にいそしむ姿を目の当たりに見て二度びっくり、心に響くものがあったのです。ああそうだ「天理教の信者さんは、単なる奉仕活動をしていたわけではない。教祖の教えにある世界一列人助け、陽気ぐらしの世界の実現という理想に一人ひとりが支えられているからこそ、あのように熱心に打ち込める。人を助けて我が身助かるの教えが根底にあるのだ」と気づかれた。

これからが松下さんの他の人とはまったく違うところです。この「ひのきしん」の姿を経営に取り込もう、そうすれば必ず儲かり、成功することを確信されたのです。この確信が行動となり、この年の五月五日に、全社員を集めて「これから二〇〇年かけて、地球を物心ともに繁栄した地上天国に変える」と宣言されました。この年を「命知元年」と呼び、この日が現在「創業記念日」ともなっています。

このように松下幸之助さんを震撼させ、今日の松下電器産業に大きく変革させたのは世界一列陽気ぐらしを目指す天理教に他ならないのです。

まとめ●松下幸之助さんを成功へと導いた天理教の「ひのきしん」の教え

●「ひのきしん」日々の寄進・報恩のことで、生かされている喜びを態度で表すこと。

お金でお供えするということは、人生の大切な時間、体での寄進・報恩感謝にかえてのお供えと考えられる。

欲の心を忘れて見返りを求めない素直な行動（ひのきしん）のなかにこそ「肥」が与えられ、「種」が芽ばえる。成長、成人の理。

病弱であった松下さんはこの「ひのきしん」の教えを素直に事業に取り入れ、大成功された。

第九章◉商いの定規

一、売り手よし、買い手よし、世間よし

江戸時代から明治にかけて活躍した近江商人は、織田信長と豊臣秀次という二人の権力者の盛衰を見て、権力や時勢は激しく流れ去っていく、それより信用や誠実が商売の成功につながることを学び、大福帳にみられる記録を徹底し、会計の重視に努めたのです。

こうして生まれた理念が「質素倹約」と、「売り手よし、買い手よし、世間よし」という三者に利益と信頼をもたらす「三方よし」という日本特有の商売を生み出しました。

一方、大坂商人といわれる多くの人たちは、太閤さんの時代に平野郷（現在の大阪市平野区）の商人や八尾久宝寺（同、八尾市）の商人といった人たちがお城近くに呼び寄せられ、花を開

かせました。現在の大阪市中央区の平野町、久宝寺町と今にその名を残し、大坂商人の礎を築いたのです。

江戸時代は大坂は、商人の町として日本経済の中心をなしたのです。この大坂の経済社会の様相を知るには元禄時代に活躍した井原西鶴が二つの傑作集に書き残しています。

「世間胸算用」は大晦日を生きる町人の種々の様相を浮かび上がらせ、そこには種々の笑いが多様に生み出されて西鶴の最高傑作とされています。一方「日本永代蔵」は、西鶴町人物の第一作で、それ以前の文芸にはほとんどない町人たちの経済生活をまともに、しかも面白くとりあげた作品として、高い評価を得ています。副題として「大福新長者教」とあるように金持ちになるための教え、つまり商人の心得を説いています。その内容は、家業への精励、始末倹約、健康維持を基調とし、その過程で知恵才覚を働かせよといっています。

始末とは、始めと終わりをきちんとするという計画性です。才覚とは、創意や工夫に基づく知恵、そして算用は、採算性のことで商売をやるからには黒字を出せという意味です。

この三つが大坂商法の基本をなしました。大坂商人も現代風にいえばバブル経済に近い元禄の浮かれ経済から一転して享保の不況期に入り、大きな反省を強いられたのです。いつの時も経済の好、不況の反転に晒されています。

そこで、これまでの三原則に「奉公」「体面」「分限」という町人の意識が商いに加わったのです。世のなかへの奉仕を説き、ルールを守ることを掲げています。自らの誇りを忘れず体面を大事に、能力、企業体力に合った商いを続けるという、正に「程経営」を旨とした商人としての倫理を示しています。

「銀が銀をためる世のなか」といわれた大坂の経済社会で、実際には常識をはるかにつきぬけたところで商売に成功したり没落していった商人たちの事例が多く描かれています。日本経済の今日の繁栄を築いた商人道の基本は、この江戸期にできているのです。

ところが残念なことに、こうした理念や精神が今の経済社会に受け継がれ生かされているのでしょうか。目まぐるしい変化やスピードに押され、世界の一員として左右され、翻弄される経済下にあって、平常心を失ってしまったかのような社会現象が目に余ります。利潤の吸い上げによる利益一人占め、分かち合う心の欠如、無理、無法などに大企業が悪い見本を露呈しています。余裕がないのですね。

マスコミがこれを徹底的に叩く、何につけても悪い材料ばかりをことさらに強調し、国民の心を暗いほうに誘導する、しかも同じ内容を何度も何度も報じます。報じているマスコミ自体がどれもこれも横並び、目を覆いたくなるくらい常識を欠いていることが多くあります。こんなバトルを日々見せられて、一般庶民は心の平静さを保つのが相当むずかしいところに追いやられています。

社会全体、心のありようが悪いほうにばかり向かっています。今こそ「神のふり見て我がふり直す」。神の定規に心を当て、商いの定規を持たねばなりません。

商いの定規とは、利を得る法則、「三方よし」「奉公」「体面」「分限」そして「企業の五則」を実行することです。

まとめ●商いの定規

〈近江商人の教え（三方よし）〉

「売り手よし、買い手よし、世間よし」

〈船場商人の教え〉

「始末、才覚、算用」

始末とは始めと終わりをきちんとすること、計画性。

才覚とは、創意や工夫に基づく知恵。

算用とは、採算性のこと。商売をやるからには黒字を出せという意味。

「奉公、体面、分限」

奉公とは、社会貢献のこと。

体面とは、自らの誇りを忘れず体面を大事にすること。

分限とは、程を知り、能力、企業体力に合った商いを続けること。

二、大阪商人の礎

昔から大坂は、二大政治・文化都市の奈良、京都を背景に、水陸交通の至便な土地でありました。中世末期の難波に面した大坂の石山、平野、堺などの自由商業都市は、そうした地理的、風土的条件に恵まれたのです。

石山・平野・堺は、スペインやポルトガルからのイエズス会の宣教師が中心となっての交易によって、それまでとは比較にならないほど繁栄し、その存在は戦国時代を通して、諸国の大名たちの垂涎するところであったのはよく知られています。

天正十一年（一五八三年）、太閤さんが石山に大坂城を築き、平野・堺の商人をお城近くに呼び寄せ繁栄しました。豊臣政権から徳川政権に移り、江戸を本拠にしたために一時大打撃を受けました。しかし、松平忠明が崩壊した大坂城の修復と並行して市内の復興に努め、平野・堺はいうに及ばず、伏見あるいは兵庫から優秀な町人を新しい町づくりのため投入、移住させたのです。

元和二年（一六一六年）、大坂城に近い船場に北組惣会所が設立され、元和八年（一六二二年）には南組惣会所が、そして寛永六年（一六二九年）には天満組惣会所が開設されて、大阪三郷商人の自治組織が整ったのです。

この三郷の自治体制が、近世の上方経済の発展に活力を生む原動力となり、パイオニア精神に溢れる新しい大坂商人＝豪商の輩出につながりました。

大坂城の修復工事は、膨大な人と諸物資を大坂に集中させ、上方経済を著しく刺激しました。縦横に掘られた堀川は、難波津＝港と市中を結び、以前にも増して交通が便利になると、全国各地の物産、米が大坂に集中するようになったのです。

この河川交通の飛躍的発達によって、日本一の蔵屋敷群が出現したことが、大坂経済に重要な役割を果たしたのです。

大坂商人のルーツは平野・堺の商人と、わけても近江商人です。近代大坂商法＝関西商法のルーツが、近江商人だといわれる所以でしょう。

幕藩体制下の閉鎖的経済圏と農民の商人化を抑止する政策が根底にあり、商人の移動は非常にむずかしかったのです。それが幕藩体制がゆらぎ始め、米遣い経済が貨幣経済へ徐々に移行するに従い、近江商人たちは全国各地へ行商に出始めたのです。

近江商人は天秤棒を担いで行商に出、その根底にある「商魂」は自立自営、勤励力行以外の何ものでもありませんでした。

近江商人の商売人としての根性や才覚、それに平野や堺などの商人のもつ海外進出、未知の世界への飽くなき挑戦と探究心が重なり、天下に冠たる大坂商人のルーツが形成されたのです。

「大阪商人の飽（商）いは、牛の涎でっせ」、「のんびり、焦らず、しかも飽い（飽きない）で」というのです。

「始末と気張り」「算用と才覚」が大阪商人のモットーとなり、始末とは、始めと終わりをきっちりすることで、顧客から値切られると、「気張りまっさ」といって、薄利多売をよしとしました。これが細く、長くの堅実さなのです。

「算用と才覚」は、儲けるよりは損しないことの「守勢」の姿勢を大事にし、才覚の知恵、先見性、時代の成り行きの判断を求められ、果敢にチャレンジする精神は、この「才覚」によって支えられてきました。

よく引き合いに出されるのが、松下電器のソケットと、大阪のお笑いの殿堂、吉本興業で合理主義とケチ商法のお手本です。

「始末、算用、才覚」などの、江戸時代に根を下ろした大坂商人の哲学は、西鶴が「日本永代蔵」などに書き残しています。

上方は、政治はともかく、文化と経済は畿内こそが先進地であり、日本の中心といった意識を強く持ったのです。

近松門佐衛門は
「士とても尊からず、町人とても賤からず、尊きものこの胸ひとつ」

と。上方のもつ文化、上方人らしい心意気をよく示しています。今に生きる我々にも大いに学ばねばなりません。

我が事務所から毎月発信する事務所通信のなかの「副所長の眼鏡」から、笑い話を一つご紹介します。

「えっ！　大阪人は外国人ですか？」

そう、確かに大阪人はヘンです。思考や行動でも一般の日本人とはどこか違います。昨今、大阪人がひときわ元気であるかのように思われているフシがありますが、「お笑いブーム」も手伝ってか、おそらく電波を通じて日本の家庭に大阪弁が送り込まれ、大阪人のタレントがセカセカと気ぜわしく動き回る姿を見せつけているからでしょう。元来、ガラが悪い。下品。騒がしい。せっかち。抜け目ない。ケチ。守銭奴。食い倒れ…。際限もなく、誉め言葉にならない表現を並べられるのが、大阪および大阪人です。これはマスメディアによって歪められた大阪人像だ！　と反論したいところですが、当たっているので反論できません（笑）。

一部には、誤解も甚だしいという意見もありますが、多くの大阪人は、「まあ、勝手にそない思わしといたらええがな」と、実害がない限り無頓着です。

さらに、「長いものには巻かれよ」の日本的思考のなかで、大阪人だけは、「官や公権力や政治を信じると碌なことはない」「行政や政治をアテにしてはならない」という考え方が土着風土となっています。大阪人得意のソロバン勘定をしてみると、近寄っても益はなしといった発想になるのでしょう。

そんな大阪のシンボルである大阪城には、意外に知られていないエピソードがあります。

秀吉は石山本願寺の跡地に大坂城を築き、白州地を埋め立てて船場や島ノ内の土地をつくり出し、巨大商業都市を築造させました。彼は、町人にとって善政と思われる政策をとったので大層人気があり、「太閤はん」と、まるで自分の先祖であるかのように、今でも大阪人から親しまれています。

しかし、関ヶ原の合戦に続き、大坂冬の陣、夏の陣、と二度にわたる徳川方の策略戦で、豊臣家は滅び、華麗を誇った大坂城も消失してしまいます。「狸オヤジめ」今も大阪人が徳川家康をそう罵るのは、この折の卑怯な策略と、秀頼に対する判官びいきからといわれています。

二代将軍秀忠は、大阪の町人に随分気を遣い、大阪は次第に往年の商業都市としての繁盛を取り戻しましたが、大坂城の方は、明治維新の引き金となる鳥羽・伏見の戦いの時、失火から大部分を焼失しました。

「なるほど、大阪人は大したもんやなあ。江戸時代からエレベーターまであったんや」

「あのなあ、江戸時代に電気なんかおまへんで」

実は、現在の天守閣は、昭和六年、当時の建築費一五〇万円、現在の金額にして七五〇億円が、全額大阪市民の寄付によって再建された三代目の天守閣なのです。

このエピソードで、大阪がいかに官に頼らない町であるかということがよく分かります。

さて、そんな大阪ですが、経済に目を向けると、やはり東京一極集中の波を止めることができません。商人の町として栄え、そこから学んだ大阪人気質ですが、それだけではこれからの時代、生き残ることはできないのでしょうか。

そんなことはないはずです！　笑うこと、陽気であることが歓迎される大阪の風土は、日本全体がむっつりして、つらいと辛抱しながら働く間に、儲けさせてもらっているのが大阪人ではないでしょうか。

まとめ●大阪商人の礎
　石山・平野・堺・商人は交易によって繁栄
●太閤さんの大坂城築城（一五八三年）にお城近くに呼び寄せられ繁栄
●徳川政権になり、大坂城の修復のため平野・堺はいうに及ばず、伏見・兵庫からも移住させた。
●北組惣会所・南組惣会所・天満組惣会所が開設され大阪三郷商人の自治組織が整う。

●大坂城の修復に掘られた堀川は難波津=港と中心を結び、全国の物産・米が集中することとなる。

●大坂に入った近江商人は天秤棒を担いで行商に出る。

●大阪商人の「飽（商）いは、牛の涎でっせ」と「のんびり・焦らず・しかも飽いで」

●「始末と気張り」「算用と才覚」

●近松門左衛門は

「士とても尊からず、町人とても賤からず、尊きものこの胸ひとつ」と上方のもつ文化、上方らしい心意気をよく示している。

今に生きる我々も大いに学ばねばならない。

三、企業の五則

◎企業を儲けのリズムに乗せるためのリズム

企業を「儲けのリズム」（Profit Rhythm）にのせ、さらに「成長のリズム」（Growth

Rhythm）に乗せる。そのためには「黒字リズム」（Black Rhythm）と「返済のリズム」（Return Rhythm）が必要となります。

結局は、その次が大事なのです。社会貢献、世のため、人のためという「利他」があってこそ、企業が大成するといえます。逆に、「自己中心」の欲にかられた行動の最後には、必ず挫折が待っています。儲けがどんなに小さくても、「儲かった」喜びは味わえるし、社会貢献はできます。世のなかには、地道に社会貢献をしている人、企業が多いのです。これこそ強い味方であり、目指す一つの方向性です。

「税引前利益－税金＝税引後利益－返済＝儲け」、この儲けは、単なる会計上の利益ではなく、キャッシュフローの利益でなくてはなりません。会計上の利益については、極端に儲かっていても銭足らず、黒字倒産というのもあります。だから、常にキャッシュフローを念頭に経営すること。これを鉄則とすべしです。

（売上総利益4）－（人件費1）－（経費1）＝（利益2）

（利益2）－（税金1）＝（儲け1）

です。この儲けが、内部留保となり、再投資準備金となります。この算式を理解し、儲けのリズムに乗せると必ず儲かること受けあいです。

『企業の五則』

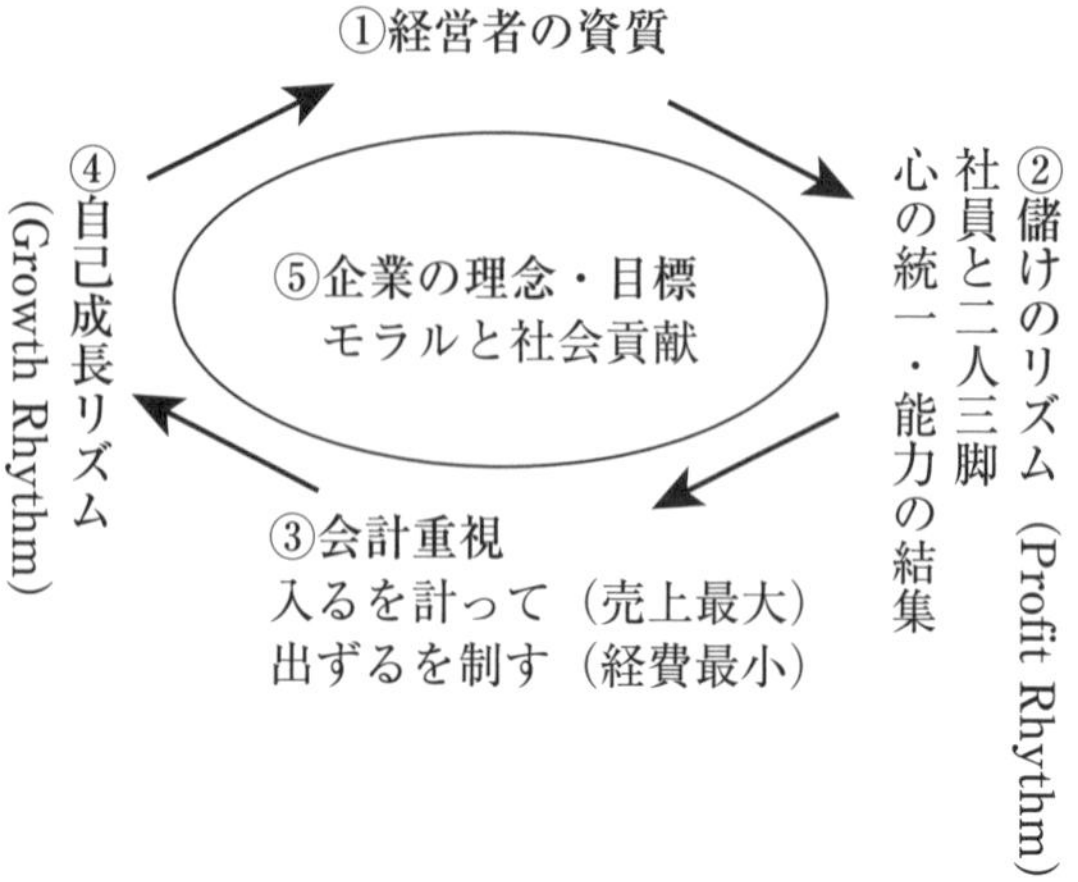

創業何年とか第何期決算という数字をみ、儲けの積み重ねであるところの純資産の部をみれば、この企業のこれまでの儲けが一目瞭然で分かります。この純資産の部の単純な積み重ねが、企業成長の鍵となります。

『企業の五則』を図に示します。

「①経営者」が示す理念や目標を社内に浸透させるには、経営者は社員と二人三脚で走る姿勢が大事です。こうして社員にまで広がり、心の統一や能力の結集にまで発展させます。

「②儲けのリズム」を身につけるには「③会計重視」の社内体制を構築し、入るを計って（売上最大）出ずるを制す（経費最小）という有り方を築き上げねばなりません。

この儲けのリズムが『黒字申告継続のリズ

ム』を生み、『返済のリズム』をも消化することとなります。こうなれば、内部留保の蓄積も進み、「④自己成長リズム」が自然と生まれることとなり、儲かる企業づくりが実現することとなります。

経営者の資質は、この『儲けのリズム（Profit Rhythm）』『黒字リズム（Black Rhythm）』『返済リズム（Return Rhythm）』『自己成長リズム（Growth Rhythm）』を、「⑤企業理念や目標」（モラルと社会貢献）という企業の核を中心にして（太陽の周りを地球が廻るように）廻すことです。

まとめ●企業の五則

1. 経営者の資質
2. 儲けのリズム
3. 会計重視
4. 自己成長リズム
5. 企業の理念・目標（モラルと社会貢献）

この企業の理念・目標（モラルと社会貢献）の核を中心に、太陽の周りを地球が廻るように1～4を廻すことが経営者の資質である。

第四部

税理士への道

第十章◉わが母わが兄とともに

一、息の根一つが可愛い

私は幸せ者、特段の幸せ者です。六歳で父を亡くしましたが、父親以上に兄が深い愛情とあらん限りの能力や知恵、世渡り術のすべてを伝授してくれました。母は、この兄のスパルタ式の人間形成の教育に口を挟まず、じっと見ながら優しく大きな心で包んでくれました。納得するものがあったのでしょう。今日私があるのは、この二人のお蔭です。

六歳にもなっていたのに父親のことをまったく覚えていません。自分は「アホ」ではないのかと、何度も思いましたが、実像としての父は一度も私の脳裏には浮かんではこなかったのです。「小っ子が気になる」を遺言のように言っていたと聞かされてきたのに、申し訳ないことです。こんな私の存在価値は、素直に生きてきたことが一番大きいと思います。素直とは、現実に異を唱えずすべて受け入れることです。そうして人生の道を切り開いてきたのです。

足を怪我したこと、父のいないこと、末っ子であること、中学校は私学で通学に一時間半もかかる学校に行きました。大学は商学部で税理士になるように、またこれからの時代は大学院にも行った方がよいというアドバイスも、すべて受け入れ、クリアしてきたのです。

合格しなければ一生独身でいくように、とも言われていました。それが税理士合格の翌日には「この人とお見合いしなさい」と。その人は東京の大学を出て、叔母が家元の都千家の内弟子として上野に近い根岸でお茶の修業をしていたのです。それが私との見合いのために突然連れ戻され、正月、別府温泉で出会ったのです。これが私の家内、正に電光石火です。大分の田舎から遠い大阪まで嫁に来てくれました。

私の父は一一人兄弟、母は四人兄弟、一人を除いてすべて私の生まれ育った平野という町に住んでいます。従兄弟も五〇人を超えます。誰かれなく我が家に来る、何とも賑やかな家系です。

教育者の家に生まれた妻は、新婚の時から「別世界に私は嫁に来た」を口癖のように言っていました。しかし今日でも「私は人間が好き」と言ってのけるだけあって、誰とでも感心するほどに心底親しみをもって話すし、接します。御大家も借家住まいの人も何ら変わらない。まったく私には真似のできないことです。こんな家の嫁になることを見抜いてちゃんと準備をしてくれていました。何とも有難いことです。

考えてみれば、私の人生は足の怪我というハンディがあったからがんばれたし、努力もしました。母親は他の兄妹とは違う愛情を、私にはかけてくれました。末っ子の甘えん坊の私ですが、不思議にも根性もできました。教えられるあらゆることを聞く耳を持ち、自分のものにしました。仕事を始めて間もない頃、兄が平野のメイン通りに私を連れ出し、「あの土地を買ってやろう」という意気込みで仕事をしろ、と。今なら坪当たり二七万円で売ってくれるということでした。「へえー、私の月収が五万円、五か月飲まず食わずで一坪も買えないのか」と思いましたが、よし、この銀行が建ち並ぶ所に事務所を持つ夢を持って働こうと思いました。

この時から「荷物にならない三つの荷物を持とう、夢と疑問と感性と」というモットーを掲げたのです。一つ一つ実現可能な目標の夢を設定し、クリアする階段を登ろうと自らに誓いました。この三つをモットーとして、いいこと悪いこと、しなければならないこと、しなくてもよいことの仕訳をしながら人生を歩くことにしました。

これが会計マンであると自分に言い聞かせてきました。職業柄、税法や他の法律、クライアントの決算書に疑問を投げかけ、何故こうなのか、これでよいのかの反すうを繰り返し、自分を鍛え、よい答えを導き出してきました。金は二の次、三の次に徹してきたのです。縁の下から戻るという言葉がありますが、自分が一番びっくり、見事に縁の下から戻って、私の人生に花が咲いているではありませんか。正に「人を助けて我が身助かる」です。私としては上出来、いや出来過ぎです。

その根底には兄と母にあの世でもいい、どうしても喜んでもらいたい、「小っ子がこんなにやったよ」と父に話したい、の思いが支えとなっています。税理士業とは何もつくらない、何も売らない、単に税と会計を通してのサービス業であり、「人を助けて我が身助かる」を実践してきました。クライアントに助かってもらって初めて私の存在価値が生まれます。我を忘れて人助けに全力投球してきたのです。

今度は、神のお働きによって、日本でも有数の医師に出会わせて頂き、私の足は治ったのです。三度目の手術ですが、神のご守護を頂き普通の足に戻ったのです。表現のしようもない喜び、これは五五年も足で苦労した私しか分かりません。

明治三十八年生まれの母は、四十五歳で主人（私の父）を亡くし、六人の子供を育てました。長男の大きな働きに助けられましたが、六人の子供の大きな心の支えとなりました。父が亡くなった時、私はまだ六歳でした。この直後に足の怪我をしてしまった。大阪中の病院に行きましたが、当時の医学ではどうにも治りませんでした。

諦めきれない母は、何度も何度も私を病院に連れていきました。小学校の授業を何度となく抜けては病院へ、校門の前で待つ母を見つけ、国道で手を上げるとタクシーが止まるのが楽しい私。無邪気な私を叱ることもなく、「この子はしゃあないなあ」と言って一緒に乗る母。

阪大病院の整形科の先生が近くに住まれており、わんぱく仲間と暗くなるまで毎日遊びたいのですが、電気をあてに通う毎日が続きました。これが私の小学校時代です。

母は明るく淡々と子供たちを見守り、何を教えるでもなくじっと見ているだけでした。七人の子供を生みましたが、三人目だけ数か月で亡くした母は、子供たちの「息の根一つ」が可愛いというのが口癖でした。母は「自分は文学少女であった」とよく言っていました。

母の学校当時は東成郡平野郷町（現在の東成区、生野区、東住吉区、住吉区、住之江区、平野区という広域）といって、郡長さんがいました。この郡長さんからただ一人、学業優秀の褒美をもらったと言っていました。母が亡くなって後、出てきた成績表を見てびっくり。全科目「甲」です。「甲の上」というのもいくつもありました。こりゃ負けたなあと正直思いました。

負けず嫌いの私は、スポーツ大好き、走り大好きで足のことなど忘れたような日々を過ごし、実際不自由を感ずることもまったくありませんでした。そんな私を、母と兄は随分と心配していたと思います。

小学校二、三年生の頃、兄が明日飛行機で東京に連れていってやるから散髪に行くように言いました。母は上から下まですべて「さらっぴん」(新調)を用意してくれました。当時は大人も子供もほとんど乗ったことのない飛行機に乗せてくれたのです。学校では鬼の首でも取ったようなはしゃぎようで意気揚々の私でした。

四国の今治へは、綿の機械を見に行くとのことで、関西汽船の特等室に乗せてくれたこともあります。びっくり、目を見張る豪華な特等室に驚きました。

小学校、中学校は遊び放けていても何も言いませんでしたが、高校になって税理士への道を兄から話して聞かされました。家業は親戚三社で、寝具業界では日本一を誇った西川の大阪西川専属工場として綿、ふとんの製造を一〇〇パーセント請け負っていました。他の従兄弟も大多数、この仕事に従事していたので、私には別の道、税理士を目指すように高校生の時から聞かされていたのです。

親戚中が同じ釜の飯を食うものではないといいます。また住宅様式の変化を見据えて、将来のふとん寝具業界の先細りを察知していたのです。何よりも私の足のことを念頭に入れてのことでした。我が家の税務顧問をされていた税理士さん（兄の一年後輩の方）が出入りされていることを知っていた私に、あの仕事がお前にはいいと方向づけをしたのでした。もちろん母も了解のことでした。

二、一発のビンタで目覚める

中学はのんびり過ごした私も、高校一年の後半になって猛然と勉強を開始しました。きっかけは、高校生になり、勉強しないと目指す大学に入れないと担任に言われ、大丈夫なのかと聞かれて、従兄弟が中学生の頃から家庭教師をつけてもらっていたのを知っていた私は、つい「私も」と口に出してしまいました。

このとき、青春時代を軍事教練に明け暮れた兄は、烈火の如く怒ったのです。「そこに立ちあがれ、両足開いて歯をくいしばれ」と命じました。即座にげんこのビンタが一発、私の頬に見舞われ、目から正に星が飛んだのです。「くそッ」何の反論する余地もなく、悪いのは私、この日から私は生まれ変わったのです。母はじっと見ているだけで兄に注意もせず、じっと耐えていました。

兄は商業高校から独学で医学部に合格した努力の人。母も協力をおしまなかったのですが、思いがけないことに父が病に倒れ、兄は医学部を断念し、翌年法学部に入ったのです。さらに十九歳で両親と五人の兄弟、商家を背負うことになり、悠然と大学に通うわけにも行かず、経理に採用した人に代わりに授業に行かせて出席をクリアし、詳細にノートをとらせたのです。試験だけはそのノートを基に自分で受け、卒業するという離れ技をやったのです。

こんな兄に指導され、甘えん坊はどこかに消えてしまいました。ビンタ一発で目覚めた私、その効果は絶大で、今日の私を生かしているといっても過言ではありません。

三、赤飯と尾頭付き鯛、そして勝ち栗

大学受験は腕試しを入れて六回受け、大学、大学院と進む間に税理士試験を三回受けました。この九回に母の熱い思いがあり、いつになく早く起きる母は、お手伝いさんと一緒に、赤飯と小さな尾頭付きの鯛、それに勝ち栗を用意してくれました。情けないかな、緊張している私は、毎回少し口にするだけで余り食べないで立ち上がると、必ず「勝ち栗」だけ口に入れて行きなさいと言う。正に男の出陣です。栗を口に入れ家を後にして、何とか試験を済ませて帰る私でしたが、帰った私に母は九回とも知らぬ顔、普段と何も変わらないのです。「(試験は)できたのか、どうだった」と聞いたことは一度としてないのです。

朝の支度からすると、大きな肩透かしです。一度として失敗はなかったのですが、八回目、つまり税理士試験の二回目だけは大失敗。大学院一年生で当然毎日講義があり、論文提出資格を得るための英語の試験もあります。出題者教授の講義を受ける一人をおいて、他の学生は全員落とされたのです。教授会の派閥争いに巻き込まれたのです。私たちの担当教授は採点の公開を申し入れよといって怒りますが、翌年も落とされると論文を出せません。み

んなと相談して申し入れはしなかったのです。

当時の私は、既に大学三年より我が家の顧問税理士さんの会計事務所の書生（無給）も兼ねていました。その仕事もあります。履修表を見ては学校と事務所を行ったり来たりの毎日です。

おまけに兄が大分に工場を進出、みかん農園の経営も始めました。何十町歩という山林を購入し、農林省が勧める農園のパイロット事業に着手したのです。ある日、この山林の登記簿を確認し、一冊のノートにするように指示されました。農業生産法人の帳簿づけもするのです。夜の時間を大幅にこのために割かねばなりません。可愛がると同時に超スパルタが兄の教育法です。税理士試験の残り税法三科目を何が何でも突破したい一心の私は、母に言わせれば寝言にむずかしいことを言っていたようです。

あれもこれもと盛りたくさんで、こうなったのでしょう。しかし決して苦痛ではなく、時間をみつけての映画は何とも楽しかった。ジョン・ウェインの「黄色いリボン」や他の西部劇、ジーナ・ロロブリジーナの「ノートルダムの背むし男」魅力いっぱいのソフィア・ローレンに代表される有名女優の多かったイタリア映画、フランス映画、私にはストレス解消と居眠りには格好の場所でした。

この二回目の税理士試験結果が見事に滑っていたのです。当時の結果発表は、科目合格した者だけに通知が来ます。不合格者には来ません。いやなものです。八月後半に試験を受け、十二月二十日過ぎの発表。郵便が届かないのでイライラと郵便受けを見に行くやら母に尋ねるやら。仕舞いには母に八つ当たり。母は「ははあん、これは駄目だったな」と分かっているのですが、何も言いません。合格通知を隣近所の親戚に入れたのではと気をもむ私。母を突き飛ばしたくなるくらいのプレッシャー。それはそうです、親でもない兄に大学院まで行かせてもらって税理士にもなれないでは顔向けできません。申し訳ない、当時は本当にそう思っていたのです。

結果はまさかの三科目全滅、お先真っ暗の年末でした。私に残された学生生活は後一年しかありません。教授からはドクターコースに残るように言われていたし、兄も望んでいましたが、私は税理士としての仕事の道に直ぐに入ると決めていたのです。講師や助教授と税理士の二足は無理なことは私には分かっていたし、そんなに兄の脛を長くかじる気になれなかったのです。

だから何がなんでも修士論文を書き上げ、三科目合格しなければならない。少し追い込まれました。それでも大学院のゼミで唯一の同僚と「007」の第一作目「007は殺しの番号」という映画を見に行ったり、後に万博会場となる千里が学校に近いこともあり、彼のスポーツカーに同乗し昼食によく出かけました。そうしたなかで英語の試験に合格し、提出資格を得て書き上げた論文の提出も無事終えることができたのです。

四、明治の母の教育術、母と子の信頼・絆

余談になりますが、母はお手伝いさんに対しては花嫁修業にと、優しく時には厳しく指導していました。我が家はふとんの製造業です。男のふとんを敷き枕を置いた後は、その前を絶対通ってはならぬ、洗濯したくつ下はこうして畳む、料理の味付け、作法など細々と仕込み、当然私たち男は厨房には入れなかったのです。

そのお手伝いさんの一人を私につけて、兄の別宅で試験直前勉強に専念させてくれたのです。男と女二人切り、私を信用してのことです。この九回目の試験も、やはり勝ち栗を口に入れて出かけました。

税法三科目、最後の試験になることを願いました。後は発表を待つのみ、九・十・十一月と過ぎ十二月の二十日過ぎ、大学院のゼミの途中、同僚は家に電話して合格を確認、私は電

話を入れる勇気なく帰宅。夕食時なのにいつもと様子が違います。兄夫婦、母、兄の子供四人、お手伝いさん二人、誰も食事をせずに座っています。何とも無気味、兄が私の顔を見てにっこり「おめでとう」と合格通知書を差し出してくれました。思わず私はカバンをばたっと落としてしまったのです。何か芝居のようですが、ほんとうにうれしかった。やれやれ、顔向けできる。期待というか、足を怪我した私を、ここまで導いてくれた母や兄に私の能力いっぱいで応えられた、という思いが一度に頭のなかをめぐりました。もとより勉強嫌いの私にはこれが頂点、精一杯、勉強のフィニッシュ、くらいに思っていたのです。

兄とて十九歳で父が倒れ二十一歳で止むなく父の後を継ぎ、親代わりまでしてくれた。そんな思いが錯綜するなかで食事を終えました。といっても何を食べ、どんな話をしたのか、まったく覚えていません。

母は夕食後、薄暗い廊下に私を呼びました。これまで九回の試験を受けて帰った私に何も言わず、何も聞かなかった母なのに、初めて口を開いたのです。「よくやった、お母ちゃんうれしい」と言ったのです。主人を亡くして一七年、最後の一人、末っ子の私、やっと税理士に手が届きました。「やれやれ」と同時に万感の喜びがあったのでしょう。

ここでびっくりするようなことを言ったのです。「お母ちゃん、大和屋で芸者を入れてお祝いしてあげる」と言ったのです。大和屋といえば大阪では財界の人たちや司馬遼太郎さん、人間国宝の桂米朝さんなどがよく利用されていました。特に財界の人は接待したり、されたり、ご自分の楽しみにと通われた能舞台までしつらえた超一級の料亭です。一月十日の今宮戎には大和屋の芸者さんが「ほえ駕籠」に乗り、道頓堀やなんばと練り歩き、今宮戎に繰り出すのが習わしでした。私の生まれ育った平野でも、元造り酒屋で大地主のご主人は東大出で、私が顧問をさせて頂いていましたが（今は故人）、「先生、今は平野の商売人、誰も大和屋にはよう行きまへんな。私ら若い頃はよう行きましたで」と昔を懐かしまれていました。これが大阪の大和屋です。

母はこの大和屋へ連れて行き、精一杯の喜びを表わしたかったのでしょう。商家を支えた母として、超一流の味わいをさせ、大望を持たせようと思ったのかも知れません。もとより大和屋に口座もなく、一見さんで入れるわけもありません。私が望めば、肝っ玉母ちゃんはどうしたか知る由もありませんが、不覚にも私はびっくりして断ってしまったのです。母の一世一代の「清水の舞台」であったかも知れません。これが明治の母の教育術、母と子の信頼、絆です。

資格を得てからの私は、兄の秘書兼経理マン兼人生の弟子、そして弟でした。数え切れないくらいに今に生かされているもののすべてを教わりました。

保証人には絶対になるな、を身をもって教え込まれました。家を建てる、土地を買う、ビルを建てるなど、すべてそれぞれ分家して家を構えていても、家長である兄の了解を得なければ実行しないのが、我が家の習慣でありました。どの資金で購入するのか、借入れはどの銀行でいくら借り入れるのか、担保は、返済計画は、すべて説明し納得が得られても、何のためにという目的がしっかりしていなければだめです。計画が大きければ、体力と能力に合っていないと判断されます。これは母の「息の根一つが可愛い」、決して「無理はするな」の教えで、急いた清兵衛になるなとばかり、許さなかったのです。

だから保証人には絶対ならない、これが鉄則でした。「程経営」の教えであり、税理士が他人の保証人になっていたら命がいくつあっても足りないことを教えたのです。

ある日、兄が大阪市内に小さなビルを買うから、私に付いてくるようにと言いました。該当ビルの前に立ち謄本を示して、「これがこのビルの謄本であることを証明しなさい」と言われたのです。一瞬「えっ」と思ったのですが、公図を上げて両隣の謄本を取り、裏のビルも公図に合わせて謄本とチェックする。四方を堅めて「この謄本がこのビルであると証明します」と答えてＯＫが出たのです。

万事この調子で教え込まれた数々が、私の血となり肉となり、今生かされていることを思うと、人を育て教えることの大切さを忘れないでいたいと思います。私も及ばずながら、この教えの日々を送る毎日です。

平成十三年、五十八歳にして私は天理教平野分教会の役員に任命され、毎月十五日の祭典に袴を着け、おつとめ奉仕者に加えられました。母や兄にこよなく心配をかけた私の足ですが、神に近づき教えにふれる機会が増えて三年、娘が秘書をしていた大学病院の先生から、足の整形で有名な奈良県立医科大学の院長先生を紹介されたのです。

大抵の先生は、私の悪い足を椅子に乗せて診られますが、この先生は自分の手のひらに乗せていろいろと診た後、さすりながら「治りますよ、手術で必ず治りますよ」と言ってくださったのです。医は仁術と言います。そう、医は心です。すべて心が大事です。そして、おっしゃるとおり治ったのです。手術によって五五年も苦しんだ足を治してもらったのです。神がこの機会、出会いを与えてくださったのです。これで、あの世に行った時、母や兄に報告できます。

不思議なご守護と聞かせて頂くのですが、神に近づくと不思議なご守護に出会うものです。この日より私は人の目線を気にすることもなくなり、より一層明るくなり、人にやさしくなったのです。

私の仕事もこの院長のようにありたいと願っています。神のふり見て我がふり直すの一端を書いてみようと思った大きなきっかけなのです。

あとがき

「健全な会計（懐具合）に健全な精神が宿る」ということを強く感ずるのです。きれいごとを言っても、無い袖は振れません。拝金主義とはまったく違うのですが、長い人生、お金の要る時は要るのです。

仕事で社会に役立つ働きをするためには、学びの時は勉強に集中する。また、人生のよきパートナー（伴侶）に恵まれることも大事な要素です。そこにいたるための勉強、仕事が前提となります。

男前や美人だけでは駄目です。次は二人で築く家庭、二人三脚で合わす心、互いを理解する心遣いが大事です。生まれてくる子供、その成長へとつなげる働き、家庭での躾、やがては孫まで授かることになれば幸いです。

こうした一連の生活が人生といわれるこの世で、笑いと健康はどうして得られるのか、いい人生の生き方とはどんなものなのかと考えてみました。人にも賞味期限があることを知り、ワーク・ライフ・バランスやワーク・ジョイ・バランスの持続性を大事に「ロハス」な生活を心がけてみます。

そのためには、何より忘れてならないのは「心」のありようです。最近、人のふりを見ては碌なことはありません。信仰のあるなしではありません。幸いにも八百万の神の国に生まれたのです。「神の定規」に心を当て、清々して生きてみようと思う年になりました。

私は税理士、商いをする人と毎日お会いしています。商いにも定規があるのに、昨今は、この定規が大きく曲っています。ここでもう一度「商いの定規」に立ち返ってもらいたいのです。気付いてもらいたいのです。そうすれば「健全な会計に健全な精神が宿る」という「真の会計」に近づいてもらえると思います。

真の会計とは、苦労して血と汗と涙の結晶で得た利益（おカネ）の有難さを感じられる人でなければ分からないと思います。簿記や会計学で知った知識では「真の会計」は分からないでしょう。

今、生かされている喜びを感ずるためには、日本の幸運だった戦後経済を知り、その延長線上に今があることを知らねばなりません。そうすれば、今の日本経済は美しいのかどうなのかが見えてきます。どう生きればいいのかの道が見えてくるのではないでしょうか。

そんな思いでこの本を書き綴ってきたのです。「なんだこれは」と思われる読者もいらっしゃるでしょうが、私の人生のなかで得た、今の思いが少しでもお役に立てればと願い、書いた次第です。最後まで読み、お付き合い頂ければこれに勝る喜びはありません。

最後に私ごとで誠に恐縮ですが、私を育て世に出した母と兄、「小っ子」が気になると夭逝した父に感謝の気持ちを込めてこの本を送ります。私の子供たちも子育てが始まり、子供の教育が始まります。同じような人たちにも何かの参考になれば幸いです。教育は学校任せではいけません。家庭が大事、親の背中が大事なのです。

最後になりましたが、この本を出版するにあたり、清文社編集部長の冨士尾栄一郎氏には本当に細細とご指導いただきましたことを心より感謝いたします。

日野上　輝夫

二〇〇七年五月

著者紹介

日野上 輝夫（ひのかみ てるお）

税理士。

昭和43年関西大学大学院商学研究科修士課程修了。

同年、税理士日野上輝夫事務所開業。現在、大阪市平野区にて日野上会計グループを主宰。

著書に「会社を潰す経営者・立て直す経営者」（オーエス出版社）「〝儲けたい・儲かる・儲かった〟の実践社長学」（清文社）ほか。

■日野上会計グループ
大阪市平野区平野本町5-14-20　日野上ビル5F
〒547-0044　TEL 06-6791-0724　FAX 06-6791-0733
E-mail:hah@hinokami.co.jp
URL　http://www.hinokami.co.jp/

一生一笑《いっしょういっしょう》 ―― 健全《けんぜん》な会計《かいけい》に健全《けんぜん》な精神宿《せいしんやど》る ――

2007年7月10日　発行

著　者　日野上《ひのかみ》　輝《てる》　夫《お》
発行者　小　泉　定　裕

発行所　株式会社　清　文　社
URL：http://www.skattsei.co.jp
大阪市北区天神橋2丁目北2-6（大和南森町ビル）
〒530-0041　電話06(6135)4050　FAX06(6135)4059
東京都千代田区神田司町2-8-4（吹田屋ビル）
〒101-0048　電話03(5289)9931　FAX03(5289)9917

印刷・製本　株式会社　廣済堂

ISBN978-4-433-35287-5